文案写作

陆安仁 —— 著

天津出版传媒集团
天津科学技术出版社

图书在版编目（CIP）数据

文案写作 / 陆安仁著. -- 天津 : 天津科学技术出版社，2019.12
ISBN 978-7-5576-7064-1

Ⅰ. ①文… Ⅱ. ①陆… Ⅲ. ①汉语－应用文－写作 Ⅳ. ①H152.3

中国版本图书馆CIP数据核字(2019)第193807号

文案写作
WENAN XIEZUO

责任编辑：	方　艳
出　　版：	天津出版传媒集团 天津科学技术出版社
地　　址：	天津市西康路35号
邮　　编：	300051
电　　话：	(022) 23332695
网　　址：	www.tjkjcbs.com.cn
发　　行：	新华书店经销
印　　刷：	唐山富达印务有限公司

开本 880×1230　1/32　印张8　字数 163 000
2019年12月第1版第1次印刷
定价：42.00元

前言

你是否有这样的经历：

面对一个文案选题，不知如何下手？

连续几天熬夜写出来的文案，却被领导直接否决？

精心设计的文案创意，却提升不了流量和点击率？

……

这些都是不懂文案写作导致的。

文案写作的门槛很低，即便没有高学历，或者非广告专业、汉语言文学专业出身的人，也可以从事文案写作，并且迅速入行，写出符合市场需求的文案。然而，文案写作的上限很高，要想写出现象级的爆款文案，不是一两天的练习就能够办到的，它需要我们积累大量的理论知识和实战经验。

文案写作是一门艺术，也是一项技术活。一名优秀的文案工作者，除了要具备高超的文字能力以外，往往也要懂一些营销学和心理学的知识。也就是说，好的方案的作者不仅要会遣词造句，还要懂得揣摩消费者的心理和思维方式，以及懂得如何包装和推销产品。

第一，我们要了解消费者的需求。如果不懂人心，就无法写出直击人心的文案，只有走心的文案才能够让消费者感同身受。文案是广告的一部分，它的本质是营销，而营销的基本工作是研究市场需求。很多文案看起来非常优秀，文辞华丽，气势磅礴，但是它并没有触及消费者内心的真实情感，所以很难成为爆款，并且很快就会被人遗忘。而有些文案虽然看上去平平无奇，用的都是大白话，几乎没有文采可言，却依然能够流传甚广，迅速帮助品牌提高知名度和销量，就是因为它们符合消费者的真实需求。

第二，文案工作者还要对产品有足够的了解，深入挖掘能够提升产品销量的卖点。对于产品来说，重要的不在于你卖什么，而在于你的卖法和别人有什么不同。许多文案作品看起来很美，却总是让人感觉不走心，原因就在于其未能提炼出有效的卖点。合适的卖点能够增强消费者的认知，使消费者牢牢记住该品牌，甚至达到脱口而出的效果。

做到上述两点以后，我们才能确定文案的主题，也就是我们想通过这篇文案向消费者传递什么信息。接下来，才是修饰文案环节。也就是说，在文案写作的流程中，文字修饰并不是最紧要的工作。

文案修饰可以分为拟订标题、撰写正文两个环节。标题是文案的开头，在文案中占有举足轻重的地位，方案作者必须用标题给读者留下良好的第一印象。而正文方面，最好具有戏剧性的效果，为此我们可以学习故事型文案的写作方法，用戏剧冲突给读者留下深刻的印象。

本书的内容涉及范围很广，不仅有驾驭文字的方法，还包括很多心理学和市场营销学方面的理论知识。这些知识和方法能够帮助文案从业者从一名初入行业的新手，迅速成长为洞悉行业规则的精英。可惜的是，人们往往习惯于只研究修饰文字的方法，却忽略了理论知识的学习。

在深入探讨理论的同时，本书还精心选取了四十多篇经典广告文案案例，并且在正文里还包含数百条经典短篇文案，其中凝聚了大卫·奥格威、克劳德·霍普金斯、威廉·伯恩巴克、李欣频、许舜英、林桂枝等多位文案大师的人生智慧，详细讲述文案写作中的实用技巧，手把手教你写出有销售力的爆款文案。

目录

第一章 → 直击人心,方能打造爆款文案

文案写作是为了吸引潜在消费者　　002

走心的文案让消费者感同身受　　007

文案创作应从消费者的需求着手　　013

顾客心理学是文案人的必修课　　019

第二章 → 文案写作的关键是挖掘卖点

深挖卖点,找出消费者心中的痛点　　026

提炼卖点,打造走心的文案　　031

围绕品牌定位,方能写出优秀文案　　038

优先传播理念,其次推销产品　　044

第三章 → 直击人心的五种标题形式

第一印象决定生死,用标题打动人心 050

悬念式标题:触动读者的好奇心 055

警告式标题:把丑话说在前头 061

引导式标题:"你应该这么做" 066

数据式标题:有理有据更显说服力 071

直白式标题:重剑无锋,大巧不工 076

第四章 → 简洁明了的叙述,让文案更抢眼

简洁的语言才能激发购买欲望 082

精心锤炼文案的第一句话 087

自嗨式文案是文案写作的大忌 092

以情动人,触及消费者的真实情感 097

第五章 → 借助修辞手法,为文案画龙点睛

比喻法:把抽象的事物表现得更加亲切 102

拟人法:以人喻物,赋予产品生命力 108

排比法:气势逼人,加强视觉冲击力 113

对偶法:朗朗上口,提高传播效果 119

双关法:一语双关,凸显文案的幽默感 125

通感法:使抽象的产品特性具象化 130

第六章 → 有趣的故事让文案更吸睛

故事为文案增添色彩　　　　　　　136

故事型文案的三大优点　　　　　　141

逻辑清晰，保证了故事的生命力　　145

好故事的黄金法则：让读者读到自己　150

借助神转折，写出幽默感十足的故事　156

第七章 → 用戏剧冲突提升文案的可读性

戏剧冲突是故事型文案的灵魂　　　160

戏剧冲突的三种表现形式　　　　　166

协调感性诉求与理性诉求的冲突　　172

触点——构建戏剧冲突的关键点　　177

第八章 → 运用其他元素增添文案的颜值

四大设计元素使文案颜值爆表　　　182

版面设计提高文案的视觉度　　　　187

精选图片，成倍提升文案说服力　　194

善于使用色彩的"语言"　　　　　　198

用短视频拍出创意的火花　　　　　203

第九章 → 新媒体软文：移动互联网时代的文案写作

文案写作需搭上新媒体的快车　　208

绘制新媒体时代的用户画像　　212

不露痕迹地写出优质软文　　216

七种常见的新媒体软文类型　　221

新媒体软文写作的三大误区　　228

附录

中华人民共和国广告法（节选）　　233

文案人必读的二十一本书　　242

第一章

直击人心，方能打造爆款文案

要想写出优质文案，或者了解文案写作的基本原理，我们必须先对文案有一个正确的认识。文案是广告的一种形式，它的主要作用是通过文字表现已经制定的创意策略，多存在于广告公司与企业宣传、新闻策划部门等，所以研究市场是文案工作者的必修课。在这个信息快速传播的年代，文案直击人心才是王道！

文案写作是为了吸引潜在消费者

我们这里所说的文案,其实是对广告文案的简称。顾名思义,广告文案写作最初是随着广告的出现而产生的。广告的制作需要遵循固定的原则,文案写作也一样,能否吸引消费者是评价一篇文案是否优秀的重要考量。

你的文案,注定只能吸引一部分人

文案方作为乙方,和甲方总是维持着"相爱相杀"的关系,即双方虽是合作关系,但是在合作的过程中,总是会产生种种不愉快的经历。面对一个空泛的课题,甲方会提出各种各样的要求:

"×××,去写个文案,让我们的品牌一夜爆红!"

"×××,去写个文案,把我们的活动推广出去!"

"×××,去写个文案,把我们网站的访问量提升100%!"

……

身处乙方的你或许会以为，这是自己运气不好。然而，当你在论坛上和同行交流之后，会发现一个令人沮丧的事实：原来世界上所有甲方的要求都一个样。甲方往往会提出一些不切实际的要求，哪怕是写篇关于卫生纸的文案，也要求"高大上"。对于这些要求，文案人只能一边满面笑容点头称是，一边在心里默默地埋怨：又是一个什么都不懂的家伙。

文案人必须有这样的觉悟：所有的产品都有特定的目标消费群体，即便你写的文案获得了年度金奖，也未必能让所有人都喜欢，更何况是让对方心甘情愿地掏出钱包呢？也就是说，你的文案，注定只能吸引一部分人！这部分人就是产品的潜在消费者，他们对此产品存在某种需求，如喜爱产品的外观，又或是钟情于产品的性能。文案人要做的就是把这些因素凸显出来，从而触动消费者的购买心弦。

文案创作必须考虑的现实因素

做广告之前，首先要了解产品的定位，把着眼点聚焦在客户群体身上，以便定位对产品感兴趣的人。写文案也一样，为此你必须做好以下三件事。

（1）你必须充分了解产品，也许不能成为这方面的专家，至少也应当了解产品的方方面面，这样才能提炼出产品的真正卖点。

（2）你必须充分了解传播媒介的使用方法，以及使用者的个人习惯。

（3）你必须充分了解目标客户的群体特征，仔细揣摩他们的思维方式和关注点，才能写出直击人心的文案。

比如，给同样一篇文章取名字，用两种不同的表述方式，可能会产生完全不同的效果。

书籍名称：《每天学点时间整理术》

公众号标题：《时间都去哪儿了？高效能人士这样整理自己的时间！》

对比之下，第一条文案的表述风格更加古朴，通常被编辑们用作图书名，面向的群体是爱读书的人，他们也是纸质书籍的主要购买人群；而第二条文案的表述风格更加活泼，面向的群体是手机应用的使用者，因此通常被自媒体人员用作公众号文章的标题。

如果对产品定位不做区分，混用表述风格，就可能会带来灾难性的后果。比如，把《每天学点时间整理术》用作公众号文章的标题，会给人一种呆板、陈腐的气息；而把《时间都去哪儿了？高效能人士这样整理自己的时间！》用作书籍标题，又会给人一种轻浮、不沉稳的印象。

〈经典案例解析〉

甲壳虫汽车：Think small

这是一张典型的大众汽车（Volkswagen）甲壳虫系列的广告，广告的上半部分是一张巨大的图片，下半部分则是相关的文案，只用几行小字来表现。此外，必不可少的，还有那一行大大的标题——Think small。

Think small，有人将它贴切地翻译为"想想小的好处"：

图1-1　大众甲壳虫汽车海报

"我们的小车并不标新立异。许多从学院出来的人不屑于使用它;加油站的小伙子也不会问它的油箱在哪里;没有人注意它,甚至没人看它一眼。其实,驾驶过它的人并不这样认为。因为它耗油低,不需防冻剂,能够用一套轮胎跑完40 000英里(大约是64 000千米)的路。这就是为什么你一旦用上我们的产品就对它爱不释手。当你挤进一个狭小的停车场时,当你更换你那笔少量的保险金时,当你支付那一小笔修理账单时,或者当你用你的旧大众换得一辆新大众时,请想想小的好处。"

甲壳虫汽车的这篇广告文案实在太有名了,它改变了美国人的购车观念,帮助甲壳虫汽车的销售大获成功,成了商业广告的经典之作。其实,仔细分析文案就会发现,它的主要受众是美国刚刚出现的中产阶级,中产阶级虽然已经摆脱贫困,但是资金并不充裕,对他们而言,甲壳虫汽车的性价比很高。

文案大师语录

十亿年来,人类的本性从没有改变过,再过十亿年,也是一样。只有表面的东西会改变……一个传播人应注意不变的人性……创作人员若能洞察人类的本性,以艺术的手法去感动人,他便成功。若非这样,他一定失败。

● 广告文学派的代表,DDB广告公司的创始人　威廉·伯恩巴克

走心的文案让消费者感同身受

通常,我们把一篇走心的文案称为好文案,是因为它能触动我们的内心,真正发挥文字的力量。走心的文案能让消费者感同身受,它们总是能够站在消费者的立场发掘消费者最关心的东西,看上去完全是为消费者着想。在互联网时代,这种深入消费者,赢取好感的做法尤为重要。

优秀的文案总是能够打动人心

世界上的好文案都是相通的,真正走心的文案,背后一定蕴含着创作者无与伦比的洞察力。如果只是简单地堆砌文字,写几句煽情的话,用上几个华丽的词汇,很难称得上是一篇走心的文案。

在阅读一篇优秀的文案时,读者的内心通常会经历以下几种变化。

(1)惊讶:诶?你怎么会知道我的想法?

(2)共鸣:写得真好,我也有这种感觉!

（3）生情：在这么多品牌中，只有你懂我！

文案属于广告的一部分，然而文案毕竟不是广告，它和广告有明显的不同之处。我们平时见到的广告通常都很直白，会把产品的信息直接展示出来，让人们一眼就能记住。相比之下，文案稍显含蓄，更注重美感，能对消费者造成潜移默化的影响。

比如：

广告：邻湖小高层，首付十万，火爆预约中。

文案：大湖名城，金秋十月，震撼加推。

同样是介绍房产，所用的方式大相径庭。通过上面的广告，房产促销信息一览无遗，邻湖、首付、十万，清清楚楚地将相关信息展现在了消费者面前，虽然很直观，但是消费者仍然不知道这房子是好是坏。相比之下，下面的文案用词很有格调，更具美感，给人一种精神上的享受。消费者读完下面的文案，或许不清楚房产的地点、价格等信息，但是脑海中已经产生了一个印象：这里有卖房子的，而且房子好像还不错。

写好走心文案的三个步骤

很多优秀的文案作者告诉我们，一个文案人在创作之前，必须做好市场调研。然而即便做好了市场调研，也未必能够写出走心的文案，你还需要具备正确的写作方法，掌握一定的写作技巧。

文案和广告有相通之处，因此我们在文案写作的时候，也可以借助广告的写作方法。根据多年的工作经验，我把文案写作归纳为以下三个步骤。

第一步：说什么。确定文案的创作目标，实际上就是确定产品的卖点。

第二步：对谁说。确定文案的创作对象，也就是产品的目标消费人群。

第三步：怎么说。确定文案的创作方式，即广告文案要投放在哪里，我们应当怎样与消费者对话。

◆ 经典案例解析 ◆

《航拍中国》宣传片文案

《航拍中国》是中央电视台制作的航拍系列纪录片，它以空中视角俯瞰中国，拍摄了全国各地的优美风景。它的宣传片文案，同样非常精彩。

总有一些风景，
是我们的想象到达不了的地方。
一片叶脉，可以绵延数十公里。
水和云，架起梦中走过的路径。

我们和高空气流周旋着,

创造出一个垂直世界。

陆地边缘,奔腾着生命的律动;

密林深处,回荡着古老部落的传说;

高山之巅,隐藏着上古神兽的踪迹。

俯瞰云下的世界,

图形、线条的背后,是上天造物的秘密。

数亿年前,

这里的鱼群和沙子一样多。

如果潜到水面之下,

会发现,我们正在飞越的是一座座山顶,

蓬勃的生命,在此周而复始地循环。

直到山林,改写了它的基因密码;

直到海水,更新了它的流浪轨迹。

我们对这里的生活极尽耐心,

在纤维之上提取智慧的载体,

在沙漠深处创造生命的能量。

有时候,日子过得像浮萍;

有时候,生活又必须逆风而行。

上千年的历史跨度,

就是从此岸抵达了彼岸。

六百年的暮鼓晨钟,

保持着先人们的时间惯性。

几十年前,这里的渔民还在憧憬外面的世界。

现在,它已汇集了半个世界的期待。

全新视角,俯瞰今天的中国,

系列纪录片《航拍中国》,

带您一起,天际遨游。

图1-2 《航拍中国》宣传广告

这是一篇十分优美的宣传文案，作者在写作时，精心选取了诸多极具画面感的意象，比如，叶脉、水、云、高空气流、陆地边缘、密林深处、高山之巅、暮鼓晨钟等。文案配合宣传片视频播放出来，声音、图像与文字完美结合，将神州大地的壮美景色描绘成一幅幅精美的画卷，呈现在观众眼前，令人为之感动不已。

文案大师语录

总是有人问我："我想做文案，但是文笔不太行，怎么办？"我说："写文案又不是写小说，文笔何用（基本的标点、用词能力还是需要的）？文案要的是说话，有话好好说，你已经赢了一半了！因为毕竟有一半以上的广告不说人话。"

——前奥美助理创意总监，第九课堂联合创始人　小马宋

文案创作应从消费者的需求着手

走心的文案，实际上就是能够挑动消费者购买欲望的文案。人是受欲望支配的动物，欲望的强弱会影响人们的消费决策和购买行为。因此真正有效的文案，能打开消费者的欲望大门。当欲望强烈的时候，人的理智就会降低，更倾向于购买，所谓的"冲动消费"往往就是这种情况下的产物。

从需求着手，发掘消费者的购买欲望

看着广告大师们写的文案，我们总会赞叹："他（她）的文案怎么写得这么好？"或许还能说出其中的几个优点，但是轮到我们自己动笔时，完全不知道该从何处下手。究竟有没有方法可以快速写出打动人心的文案或者至少能写出合格的文案呢？

这里我们不妨先来谈谈什么是好文案。

消费者：文案要有诗意，读起来有美感。

甲方：文案要高端、大气、上档次，能打动人心的才是好广告。

老板：文案要有出彩的地方，让甲方无可挑剔。

……

说了半天，谁也没有说清到底什么样的文案才是好文案，更没能给文案下个定义。

很多人都在忙着学习写文案所需的各种华丽的修饰技巧，却往往忽略了文案的根本所在。

文案就像是商家对消费者说出的话，要想使文案发挥作用，最好的办法就是唤醒消费者心中的欲望。

人们的购买行为，大体呈现出一个链条，如图1-3所示。

图1-3　需求—欲望—消费

人的需求和欲望是紧密结合在一起的。比如，肚子饿了，就会产生吃东西的欲望；喜欢一件好看的新衣服，就会产生把它买下来的欲望。消费者如果没有对商品产生欲望，便不会有购买行为。

因此想要提升文案的转化率，写出真正经典的文案，就应当从消费者的需求着手，刺激消费者的购买欲。

马斯洛需求理论与人的五层消费欲望

美国心理学亚伯拉罕·马斯洛曾经提出五层需求理论,他认为人类的需求可以被划分为五层:生理需求、安全需求、社交需求、尊重需求和自我实现需求。这五种需求依次上升,呈金字塔形。

通过这个理论我们可以发现,文案创作有了一个明确的方向,即抓住消费者最关心的需求,就能从内心深处打动他们。

(1)生理需求:衣、食、住、行等维持生活的基本需求。相关产品的文案,就应当从这些方面着手去写。比如,洽洽香瓜子的经典产品包装上的文案:

百煮入味香。

"煮"是瓜子的制作方法,"香"则是瓜子的风味,文案简单直接。

(2)安全需求:安全也是人类的基本追求。当基本的生理需求解决后,人们就开始关注安全层面的问题,包括人身安全、财产安全、职位安全等。比如,白云山板蓝根颗粒的包装上的文案:

清热解毒,凉血利咽。

将药品的药效作为文案,与人体健康联系在一起。

(3)社交需求:对友谊、爱情以及隶属关系的需求。比如,知乎网的宣传文案:

与世界分享你的知识、经验和见解。

该文案点明了该网站的社交属性。

(4)尊重需求:包括对成就或自我价值的个人感觉,也包括他人对自己的认可与尊重的需求。比如,一家高档餐厅的宣传文案:

哪怕只想问路,也欢迎您的光临!

为了避免给消费者造成高高在上的感觉,这家高档餐厅选择主动放低姿态的文案。

(5)自我实现需求:体现为对人生境界的需求,看重个人发展,想实现自身的价值,也是最高层次的需求。比如,1983年乔布斯邀请约翰·斯卡利出任苹果公司CEO,而后者当时是百事可乐公司的总裁。乔布斯是这样说的:

你是想卖一辈子糖水,还是想跟我一起去改变世界?

这同样也是一句堪称绝妙的、打动人心的文案。

〈经典案例解析〉

苹果 iPhone6 文案：奇怪的翻译带来奇怪的效果

图1-4　苹果　iPhone6　宣传海报

2014年，苹果公司发布了新机型iPhone6，海报上的广告语是"Bigger than bigger"。据说宣传语本意是：你比你想象的更强大。在翻译成中文时，却出现了不同的结果。苹果中国大陆官方网站翻译成"比更大还大"，听起来毫无美感。苹果中国港台官方网站翻译成"岂止于大"，虽然简洁了一点，但还是让人觉得不自然。

有意思的是，通过在网络上传播，网友给出了一些非常别致的翻译，如"比逼格更有逼格"。不得不说，这种别出心裁的翻译反而起到了意想不到的效果。原来的英文文案的核心是"大"，凸显了屏幕更大的卖点，迎合了消费者对手机硬件的需求。而"比逼格更有逼格"的翻译，却点明了苹果手机能够给使用者带来的精神层面的满足。

> **文案大师语录**
>
> 我们因为情感而购买，又因为逻辑而使我们的购买行为合理化。
>
> ● **美国畅销书作家，文案写作大师 约瑟夫·休格曼**

顾客心理学是文案人的必修课

有时，文案从业者或许会很困惑：为什么有的文案看起来平平无奇，却能成为爆款，而自己写的文案辞藻华丽，却无人问津呢？有人说，文案是坐在电脑前的销售员。作为"隐藏的销售员"，文案作者必须懂点顾客心理学，掌握一些最常用的消费者心理规律，并且将这些知识运用到文案中，这样才能让文案更有说服力。

不要试图用"假一赔十"说服消费者

为了说明这一点，我们不妨假设一个"极端"的场景：假设现在有一家商场请你写宣传文案，希望该文案能够为商场带来更大的客流量。你经过实地考察以后，发现这家商场的口碑并不好，有很多人说里面卖假货。但是当你前去询问时，谁也说不上来自己在这家商场里上当受骗的经历，大多都是道听途说的。

你回到家以后，经过仔细思索，想出了以下三种风格的文案。

（1）正规厂家直销，假一赔十。

（2）外贸原单产品，白菜价甩卖。

（3）厂家正品直销，天猫旗舰店同款热卖。

请问，你该怎样选择呢？

从表面上来看，"假一赔十"应该是效果最好的，它向消费者做出了承诺，保证没有一件假货。问题在于这句话实在太常见了，而且常见于不正规的市场和摊位上，这些地方恰恰更容易出现假货。况且这也只是一句标语罢了，当假货真的出现时，商家是否能够兑现承诺呢？与此类似的还有"最后三天，清仓甩卖"，有些商家天天都在喊"最后三天"，但就是不见他真的关门歇业。

第二条文案同样不适合。"白菜价甩卖"几乎是在告诉人们"这里的品质不可靠"，因为世界上还有一句话叫作"便宜没好货"。因此，这个时候你应该做的不是辩解，也不是自降身份，而是打造高品质的形象，重新赢得消费者的信任。

相比之下，第三条文案让人感觉更加可靠一点。它没有在"假货"这两个字上纠缠，而是做出"正品""热卖"的高姿态，用更加健康的形象迎接消费者。

促成购买决策的四种消费者心理

消费者在消费过程中会受到种种心理作用的影响，有时会做出不理性的决定。因此，从消费者的心理着手写文案，是许多文案人经常使用的套路。

1. 虚荣心

比如某些奢侈品的宣传文案：

你可以轻易地拥有时间，但无法轻易地拥有×××。

满足消费者的虚荣心，用品牌内涵来彰显消费者的身份、地位。

2. 获利心

比如房地产文案中经常出现的词汇：

临江而立。

坐拥城市CBD。

这类文案把房产的优点直接显示出来，从消费者角度出发，为消费者谋取经济利益，因此具有很强的说服力。

3. 规避心

比如网上有些生活书的书名：

《瘦孕》

《吃到自然瘦》

怀孕、吃东西原本是容易导致肥胖的，书名中却将它们和瘦身联系在一起，这就消除了减肥就要饿肚子的厌恶刺激。

4. 从众心

比如某款奶茶的宣传文案：

一年卖出七亿多杯，连起来可绕地球两圈。

我们不可能去考证他们卖掉的奶茶杯子是否能够绕地球两圈，但是这种表述方式向消费者传递了一个信息，即有很多人购买这款奶茶。面对大众做出的选择，你总是会受到一点影响。

《经典案例解析》

钢琴文案：正面叙述和侧面作战的两种风格

雅马哈是一家日本企业，在钢琴制造方面已经有100多年的历史，如今已经成长为世界一流的音乐器材制造商。打开雅马哈天猫旗舰店，映入眼帘的是一件件产品推广滚动播放，其中一页是CLP-600系列，形象代言人马克西姆穿着一身白色西装，坐在一架白色钢琴旁，宛若王子降临。图中的文案是：

Beautiful Legacy,Beautiful Future.（悦音传承，智享未来。）

这则文案从正面写出了钢琴的品质，虽然听起来很美，但是我更喜爱另一则宣传文案：

学琴的孩子不会变坏。

图1-5 雅马哈钢琴天猫旗舰店首页

这则文案影响了许多人，在他们的心中建立了一种正面形象，并且使其深信不疑。它没有直接写钢琴本身，而是采取迂回作战，充分利用家长对子女教育的重视，以及对孩子学坏的规避心理，吸引了许多父母来购买。从这一点来说，这则文案是非常高明的。

> **文案大师语录**
>
> 当前广告市场有两大痛点：一个是选择，另外一个就是设计。
>
> ● 中国广告"四大教父"之一，马马也创意热店创始人　莫康孙

第二章

文案写作的关键是挖掘卖点

如何才能成为优秀的文案人？关于这个问题，不同的人会给出不同的答案。其实文案工作不外乎两点：第一，了解市场的传播规律和消费者的喜好；第二，深入了解产品的特征。文案工作者要做的就是，找出这二者之间的交叉点，也就是"受消费者喜爱的产品特征"。这，就是所谓的卖点！

深挖卖点，找出消费者心中的痛点

写文案最忌讳的就是自我陶醉，用网上的话来说叫"自嗨"，看着自己写的文案，感动得泪流满面，推出去之后却没有任何反响。这是因为没有找准消费者的痛点，自然就不能挖掘有效的卖点。因此，文案应当满足一个最基本的条件：消费者缺什么，而你的文案内容刚好能满足消费者的需求。

没有卖点的文案都是隔靴搔痒

同样是玩笔杆子的文案作者，为什么有的人能月薪3万，有的人却只有3千呢？这其中的差别不仅体现在作者对文字的把控能力，更体现在作者在挖掘卖点和表现卖点方面的能力。

很多人都有这样的经历：辛辛苦苦写了好几天的文案，却被上司当场否定了。更可气的是，别人随口说了一句文案，听上去平平无奇，简直是烂大街的水平，上司却让他的文案通过了。

我初入文案这一行时，就经常遇到这样的情况。很长一段时间，我都不能理解上司的决定，心想他要么是没水平，要么就是偏心。可是过了一段时间之后，我看了很多优秀的文案，写作经验丰富了，也更能理解上司当初的决定了。其实，我当初很多所谓的文案，和产品的卖点根本没有任何关系，只是一张废纸罢了。

比如，针对一家国际少儿英语暑期班，我设计的文案是：

育英学校Tel：400-800-6623
少儿英语暑期班，即将开课。

上司看了以后，给出的评价是四个字"过于平淡"。然后跟我解释道："你写的文案，虽然信息很齐全，但是并没有突出'国际'这两个字，这两个字才应当是最洋气、最有效的卖点。"

随后，他亲自给我做了一点修改：

少儿英语暑期班开课啦！
来育英学校，免费体验英伦贵族式教育！

虽说不上极其完善，但是卖点已经凸现出来了。相比之下，原来的文案像说明书一样寡淡无味，只能提供基本的信息。这种平淡无趣的广告，很难被用户自觉关注。

提炼卖点的四大关键步骤

提炼卖点不是随便说说就可以办到的,它需要掌握合理的方法才能完成。我们不妨把卖点分解成以下几个细致的小点。

(1)产品有什么特别之处?

(2)消费者为什么要买这个产品?

(3)对他来说,产品有什么用处?

(4)他买这个产品,是准备自己用还是送人?

(5)他打算怎么用这个产品?

(6)他准备在什么场景下使用?

产品卖点往往就来自于此,想清楚了这些问题,才能找到有效的卖点。

比如,德芙巧克力的文案:

此刻尽丝滑。

其选取的卖点就是巧克力入口之后的顺滑口感。

提炼卖点的方法有很多种。但是一定不要孤立地去提炼产品的卖点,一定要结合你的产品、消费者本身和他的需求及竞品、市场趋势、机会等关键因素来提炼和判断。通常我们可以通过以下几个步骤进行分析。

(1)对公司及产品的特色进行分析。文案人必须对公司产品非常熟悉，这样才能找出差异化，即找出我方的长处（如率先使用××技术），竞争对手的短处（如不耐寒、不保暖）等。

（2）做好前期的市场调研，详细分析当前的流行趋势。比如，现在市场上热销的是什么产品，有什么卖点，消费者对此类产品的印象如何。最好能做到人无我有、人有我优，否则消费者凭什么选择你的产品？

（3）明确客户的定位，对消费者进行心理画像，包括目标群体的年龄、性别、学历、工作、爱好等。

（4）将客户特征与产品特点相比对，找到其中的共同点，这往往就是产品的卖点。比如，我方的手机电池容量很大，刚好客户对电池容量的需求度很高，那么这也可以成为宣传的卖点，比如：

充电五分钟，通话两小时。

这就是一句非常优秀的文案。

经典案例解析

王老吉：从"健康永恒"到"怕上火"

王老吉的主打产品是凉茶，原来的宣传语是：

健康永恒，永远相伴

结果推向市场以后,反响平平,并未取得理想的效果。这条文案可以作为广大文案人的反面教材,"健康"这个词语过于空泛,跟"美好""好看"等词汇一样,缺乏说服力。

后来,王老吉的文案变更为:

怕上火,喝王老吉。

再加上广告宣传、事件营销等方法,宣传效果立即改善,王老吉很快占领了市场。新文案明确地提出了人们的痛点——上火,而解决方案则是"喝王老吉",文案逻辑清晰,说服力强。

> **文案大师语录**
>
> 广告是一门劝人离婚的艺术,你得挖掘消费者对于现任有哪些不满意或者经常抱怨的地方,然后告诉他们其实你才是那个Mr.Right。
>
> ● 著名营销策划师 叶茂中

提炼卖点，打造走心的文案

产品卖点的设计，必须能够满足消费者的真实需求，才能激发消费者的购买欲望。甚至可以说，重要的不在于你卖什么，而在于你的卖法和别人有什么不同。许多文案作品看起来很美，却总是让人感觉"不走心"，原因就在于作者未能提炼出有效的卖点。合适的卖点能够加强消费者的认知，使得消费者牢牢记住品牌，甚至达到看到商品，文案就脱口而出的效果。

能够加强认知的信息才能称作卖点

对于卖点的提炼，通常可以从认知、精神和情感几个方面进行。只要能够抓住卖点，文案就会产生独特的价值。

通常人们在写文案时，都会把一些重点信息放在醒目的位置，如品牌名、产品特点、具体地址、商家联系方式等。看到这些广告时，你会清楚地了解相关信息。

比如，脑白金的文案：

今年过节不收礼，收礼只收脑白金。

有人说，这是华文广告里最让人讨厌的文案，但是通过其长年累月地在各大电视台轮番轰炸，无数人记住了这条广告，也记住了脑白金这款产品。

后来，知乎的一则文案也采用了类似的方法：

你知道吗？你真的知道吗？你确定你知道吗？你真的确定你知道吗？

有问题，上知乎。

上知乎，问知乎，答知乎，看知乎，搜知乎，刷知乎。

有问题，上知乎。

知乎，发现更大的世界。

相比之下，知乎的文案篇幅更长，技巧更复杂一些，也没有不厌其烦地出现在人们眼前，所以没有引起大范围的反感。

可以成为卖点的七种信息形式

提炼卖点其实并不是一件难事，很多元素都可以成为我们的独特之处，也就是卖点。

1. 独特的概念

炒作概念是很多商家喜欢使用的手法，因为一个崭新概念的出现，往往能够吸引众人的注意力。

比如，在拍照还需要洗胶卷的年代，拍立得相机的其中一条文案是：

卖的是10秒就洗好的照片。

2. 强烈的感觉

从感觉着手，描写产品在使用过程中给人带来的体验，也是一种常见的文案写法。比如，雪碧的广告文案是：

透心凉，心飞扬。

3. 呈现情感

用户对于品牌或产品有特殊的情感，这种情感也可以成为它的独特之处。比如，麦当劳的品牌宣言文案是：

I'm lovin' it.（我就喜欢。）

4. 强调品质的特别之处

在宣扬产品时，最具有代表性的就是产品的品质，着重表达产品的实用性、耐用性能够让人放心，对那些日用品来说尤其如此。比如，一款LED灯的宣传语文案是：

通过国家CCC/CQC认证的专业台灯，远离蓝光危害。

5. 利用"人设"包装产品

厂家之所以请明星代言，是因为这种方式能够带来名人效应。比如，霸王洗发水请某位歌手代言，宣传主题是"防脱不易，还好有你"，而宣传海报上的文案则是：

创作不易，还好有你；

学习不易，还好有你；

生活不易，还好有你；

相恋不易，还好有你。

6. 直接写出使用效果

根据产品的使用效果创作文案，也是一种非常有效的方式，以特色作为USP（亦称功能性诉求、独特的销售主张）的营销，既不主要突出消费者的行为特性,也不过分强调产品的核心精神文化内涵(如产品的一种主张或者倡导的一种文化),它直截了当,一针见血。

比如,一些医药保健品的文案:

金嗓子喉宝,入口见效。
杀真菌,治脚气,金达克宁!

7. 宣传文化传承

受产品受众、使用场景的影响,某些产品将卖点放在文化传承上,试图打造出鲜明的文化气质。比如,国窖1573的广告文案:

你能听到的历史136年,你能看到的历史174年,你能品味的历史440年,国窖1573。

总之,提炼产品卖点是文案创作的重中之重,它直接关系到消费者的感受。在营销与策划过程中,文案人应该站在消费者的角度换位思考,选出更加精彩、更加经典的产品卖点。

> 经典案例解析

小米 Note2 的"双面人生"

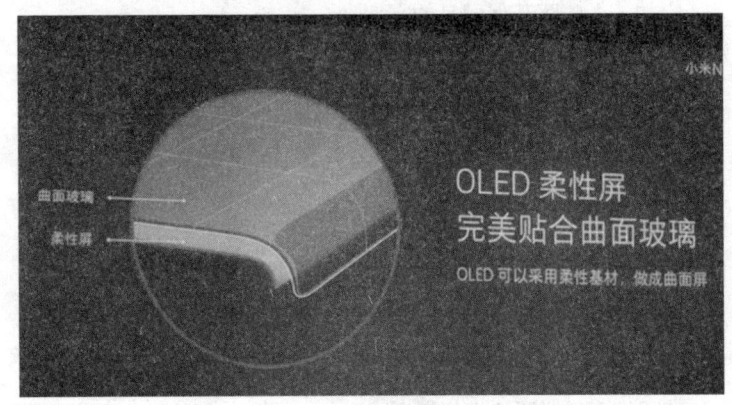

图2-1　小米Note2发布现场广告图

2016年,小米发布年度旗舰机小米 Note2,文案如下:

一面成熟,一面天真。

有人怕自己太成熟,有人怕自己太天真,在成熟的年华保持天真,就是最美的人生。

一面运气,一面实力。

被人喜欢是运气,让喜欢的人满意要靠实力,运气就是让人看到你另一面的实力。

一面瞬间,一面永恒。

大家都说,瞬间易逝,永恒难求。其实,全情投入的每一个瞬间,就是永恒。

这款手机主打的卖点是双曲面,即手机使用"正面+背面"3D曲面玻璃,而文案中双面人生非常明显地体现了这一卖点。

值得一提的是,在新机发布会现场,小米请来了某著名影星担任代言人,而该影星曾在电影《无间道》中饰演警方卧底,与手机"双面人生"的卖点可以说是完全契合。

> **文案大师语录**
>
> 广告有意无意总在暗示人们:你活得不够"好",你有权"拥有更好",你必须厌倦已有,更应该"好上加好"。广告所塑造的"好",让无辜者无助,让无助者厌倦,再从厌倦中勾起欲望前行。
>
> "不够好"将无数女性推进了自惭形秽的深渊,用金钱与时间消费自己臆造的缺欠,热情悲壮地涂改自己、漂白自己、切削自己,为填补自己虚构的残缺而奋不顾身。
>
> ● 北京奥美首席文案总监　林桂枝

围绕品牌定位，方能写出优秀文案

品牌定位是企业经营的重要环节，它是企业在对市场进行充分研究，结合公司的实际情况，对品牌在文化取向及个性差异上做出的商业性决策。品牌定位的目的是建立一个与目标市场有关的品牌形象，也就是说，要在消费者心中占据一个特殊的位置。同样，文案写作也要围绕品牌定位去做。

明晰定位是写出好文案的关键

在和很多朋友聊天时，他们都会问到一个问题："怎样写出和品牌相关的文案？"

这个问题，每个文案人都会遇到。当你还是个文案小白时，领导总是对你的作品不满意："你写的东西，配不上这个品牌。"

你感到很困惑：我明明写得这么"高大上"，为什么领导还要这样说呢？你发现领导最终选择的文案，看上去竟然那样平平无奇。于是你愤愤不平：这领导真没眼光！

其实不是领导没眼光，而是你努力的方向错了。每个品牌都有自己的定位，都能吸引某些特定的群体，如果你没有考虑品牌定位，写出来的文案就很难深入用户的内心。试想一下，用户想吃的明明是白米饭，你却端上来一碗珍珠粉，他又怎会买单呢？

很多文案新手经常犯的一个错误是：根本搞不清楚品牌定位是什么。领导说："我们的定位是高品质耳机。"而文案新手却说不出高品质的含义究竟是什么，是耳机的音色好？还是做工好？还是售后服务有保障？

品牌定位是站在消费者的角度看问题，要体现出消费者希望从品牌中获得什么样的价值，即品牌定位要考虑目标消费者的需要。因此，在写文案之前，应当借助消费者行为调查，了解目标用户群体的生活情况和思维模式。

围绕定位进行文案创作的三个诀窍

品牌定位明确以后，接下来要做的就是围绕定位创作文案了。以下有三种非常实用的方法，可以帮助你找到快速切入的途径。

1. 延伸关键词

从品牌定位中选取关键词，延伸成一则完整的文案。

比如，苹果公司推出的iPod，最初的定位就是一款"便携式多功能数字多媒体播放器"，归纳成两个词语，就是"便携""听

歌",因此iPod的宣传文案是:

1000 songs in your pocket.(将1000首歌装进口袋里。)

又如,蚂蚁金服旗下的消费信贷产品蚂蚁花呗的文案:

年轻,就是花呗。

2. 发掘用户特征

根据品牌的定位,找出目标群体身上最具有代表性的特征。

比如,万科的主要业务是房地产,其中一条文案选取了最具代表性的特征——万家灯火:

最温馨的那盏灯,一定在你回家的路上。

3. 围绕企业领导做文章

很多企业领导具有传奇色彩,文案也可以根据企业领导的个人特质,创造风格独特的文案。

比如,马云说过一句非常经典的话,结合他自身的传奇经历,足以成为阿里巴巴的一句经典文案:

绝不放弃,就会发光;

若有光芒,必有远方。

有些资深文案作者,在长年的工作过程中,已经形成了自己的文案风格,也总结出了无数种写作方法,但最根本的还是围绕品牌定位进行创作。以上这三种方法是文案新手进阶之路上的捷径,能够帮助大家快速掌握围绕定位进行文案创作的方法。

◆ 经典案例解析 ◆

Avis租车:如果你只是第二名,你需要更努力,否则……

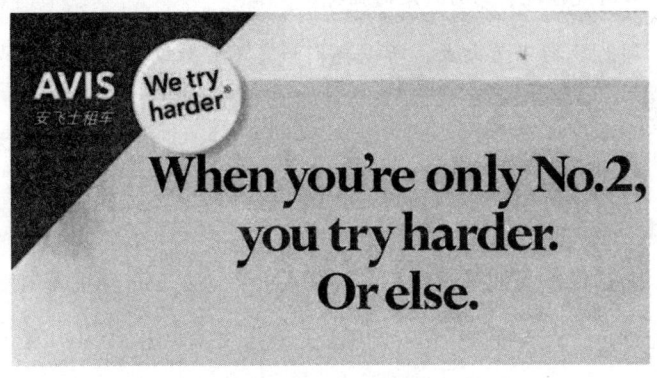

图2-2 Avis租车广告页面

Avis是一家著名的租车品牌,代表租车行业的顶尖水准。但是,很长一段时间内,Avis的实力都比不上Herz公司,只能屈居第二。BBDO（天联广告公司）根据Avis的实际情况，为其量身打造了一款特殊的文案。

小鱼每时每刻都必须奋力地游。大家伙从来都不停地给我们找碴儿。

Avis知道身为小鱼所有的烦恼。

我们在租车界只是第二名。我们如果不努力就会被吞掉。

我们什么份儿都没有。

我们总是把烟灰缸弄得干干净净，在您来租车前把油箱加满，看看电池是不是好用，清洗我们的雨刷……而且我们租出的车不逊于一部神气活现、马力十足的福特。

因为我们不是大鱼，所以我们一定不会让您觉得被当成沙丁对待。

我们不会让您久等。

老话说，人们只记得第一，没人会关心第二。然而Avis反其道而行之，大谈特谈当第二的感受。这条文案突出了Avis"天下第二"的地位，同时也写出了不骄不躁、持续努力的精神。

有时候，明知不可为而为之，更让人感动。

文案大师语录

能够果断地说出大家都想说,却说不出口的事情,看似简单,却需要相当高超的技巧。在封闭的会议空间或许不难做到,可是要在人数众多的场合找到大家都想说,却说不出口的话,其实相当有难度。反过来说,只要能够找出这句话,就能成功抓住多数人的心。

——日本知名广告人,湘南故事营销研究所所长　川上彻也

优先传播理念，其次推销产品

人们常说："一流企业卖理念，二流企业卖服务，三流企业卖产品。"这就是说，做企业的最高境界是做文化，从精神层面影响消费者。文案创作同样要遵循这个道理，一流的文案推销理念，二流的文案推销产品。推销产品，做的不过是一锤子买卖；推销理念，却可以引领时代的潮流，持续获得订单。

文案应当优先传播理念

新人在学习文案创作的时候，总是会听到这样的评价："你的文案太直白了，要含蓄一点""你的文案该提的点都提到了，但是总感觉缺了点什么"。

这缺了的东西，就是理念。

所谓的理念，可以是一种潮流趋势，也可以是一种文化现象。举个例子，十年之前，"智能手机"的概念能引起了人们的热烈讨论。然而今天智能手机已经非常普及了,大众对此已经不再陌生,因此厂商纷纷推出更多的理念,有的厂商主打"全面屏"手机,有的主打"游戏手机",有的主打"拍照手机",有的主打"性价比",却唯独不会有人站出来说自己做的是"好手机"。他们的目的只有一个:告诉消费者"我的手机在这方面是最好的"。

从抽象化的理念着手创作文案

说到以情动人,阿迪达斯在2008年推出的一款文案堪称经典:

Basketball is a Brotherhood.

翻译成中文就是:

无兄弟,不篮球!

这条文案主打团队协作精神,对篮球这样的团队合作运动来说,确实很容易引起人们的共鸣。

此外,其他一些运动类品牌也采用了同样的方式做宣传文案,比如:

匹克:I can play!

耐克：Just do it!

安踏：Keep moving!

李宁：一切皆有可能！

仔细观察电视上的广告，我们会发现，很多其他领域的企业都采用了这样的宣传文案。他们没有直接推销产品，而是宣扬一种积极向上的精神，这与其品牌的定位是相符的。它让人们从内心喜欢这个品牌，并认同这个品牌的气质和精神。

《经典案例解析》

苹果公司：Think different（非同凡想）

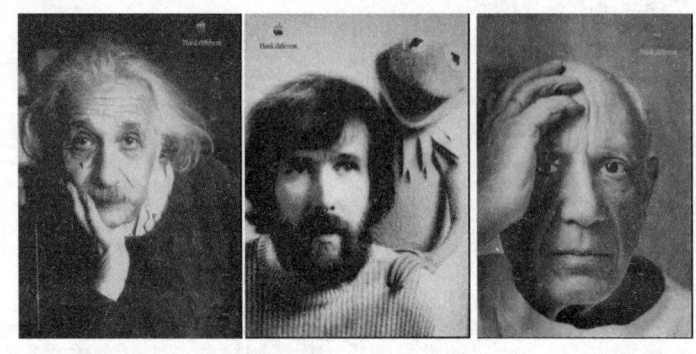

图2-3　那些改变世界的人

向那些疯狂的家伙致敬，

他们特立独行，

他们桀骜不驯，

他们惹是生非，

他们格格不入，

他们用与众不同的眼光看待事物，

他们不喜欢墨守成规，

他们也不愿安于现状。

你可以赞美他们，认同他们，反对他们，

质疑他们，颂扬或是诋毁他们，

但唯独不能漠视他们。

因为他们改变了事物。

他们发明，他们想象，他们治愈，

他们探索，他们创造，他们启迪，

他们推动人类向前发展。

也许，他们需要疯狂。

你能盯着白纸，就看到美妙的画作吗？

你能静静地坐着，就谱出动听的歌曲吗？

你能凝视火星，就想到神奇的太空轮吗？

我们为这些家伙制造良机。

或许他们是别人眼里的疯子，

但他们是我们眼中的天才。

因为只有那些疯狂到以为自己能够改变世界的人，

才能真正地改变世界。

这是TBWA\Chiat\Day公司在1997年为苹果公司创作的广告文案，当时正值乔布斯回归苹果。在这条广告里，出现了众多历史人物，包括科学家爱因斯坦、电影大师希区柯克、女飞行家艾米莉亚·埃尔哈特、音乐家鲍勃·迪伦、喜剧演员卓别林、思想家圣雄甘地等，他们都有一个共同的特征：特立独行，敢于在各自的领域做大胆的创新、尝试。

Think different（非同凡想）既是苹果公司的广告语，也代表了乔布斯和苹果公司的商业理念。乔布斯第一次见到这条广告时，感动得热泪盈眶，并决定亲自为其配音。

> **文案大师语录**
>
> 对大多数产品而言，完成一次销售却并没有获得消费者对品牌的认同，对销售来讲意义不大。通过广告让产品深入人心，才有可能带来源源不断的忠实顾客。因为他人漫不经心的推荐而购买产品的顾客往往不会坚持使用同样的品牌，因为下次购买的时候，另一个人又会推荐其他品牌。
>
> ● 著名广告文案撰稿人，现代广告奠基人之一　克劳德·霍普金斯

第三章

直击人心的五种标题形式

标题就像是通往文案的大门。当消费者阅读一篇文案时,他首先看到的就是文案的标题。文案标题精彩与否,往往决定读者对文案的第一印象的好坏。因此标题是文案工作的重中之重,是文案创意的精华部分。在本章中,我总结了五种标题写作方法,供大家参考。

第一印象决定生死，用标题打动人心

在一篇文案中，标题占据着最醒目的位置，读者总是先看到标题，再看到正文。标题优秀与否，往往能够决定一篇文案的生死。正如美国著名文案大咖约翰·卡普斯所说："标题写得好，几乎就是广告成功的保证。相反，就算是最厉害的文案写手，也救不了一则标题太弱的广告。"

标题的质量决定了文案的生死

人们在阅读文案的时候，总是先被标题所吸引，然后才会愿意继续读下去。从我多年观察的结果来看，10个人中至少有8个人会先读标题，只有2个人会跳过标题，直接阅读正文。

尽管读者尚未阅读文案的正文，但是通过对标题的快速阅读，他们已对整篇文案产生了第一印象。读者的第一印象——也就是他们看到的第一个影像、读到的第一句话或听到的第一个声音，可能就是决定这则广告成功或失败的关键。

一个好的标题,可以在几秒钟内为文案定下基调,并且调动读者的阅读兴趣。在网络时代,这种效应尤其明显。人们打开网站或App页面之后,通常都会处于快速浏览,寻找,再离开的状态,留给一篇文案的时间只有1~3秒钟,不要奢望他们有耐心去仔细阅读你的长篇大论,你唯一的机会就是写个好标题,让读者愿意继续读下去。

无论你的内文文案多有说服力,或者产品有多杰出,如果在一开始无法吸引消费者的注意力,广告就无法成功。大部分广告专家都认为,能够赢得注意力的标题才是广告成功的关键要素。

建议你准备一个资料夹用来放置搜集的精选范例,以便你在构思自己的营销素材时用作参考。假如你一时想不出广告标题该怎么写,这些范例会是最有帮助的灵感来源。

简洁易懂的文案标题更有力

要想吸引读者,首先,要注意语言的通俗易懂,99%的失败文案的共同特征是不好好说话。很多文案新手总想写出惊世骇俗、超逸绝伦的标题,所以在选择用词的时候,总是挑选一些生僻的词语,甚至自造词,但是写出来的文案效果并不好。过于生僻的字词和句子会给人造成距离感,加大了理解的难度。

其次,标题应当言之有物,向读者传递信息,不能含义不明。一篇文案要想发挥作用,必须具备可传播性,让读者主动分享,造成二次、三次传播。

比如，自然堂的广告文案：

你本来就很美。

小米手机的宣传文案：

永远相信美好的事情即将发生。

短短几个字，讲述了一个人人都懂的道理，却让人心感到了温暖，取得了很好的效果。

经典案例解析

新加坡国家宣传文案：今日所有，全非侥幸

如果科威特的人民在伊拉克进犯前的24小时被问到同样的问题，
他们的答案可能会和你的一样。
但是，24小时之后，当他们的国家被占领时，
这些人生中的重要大事还会那么重要吗？
历史一直在重复一项事实，
那就是，人从不知道自己拥有什么，直到失去所有。

我们在新加坡的人可能运气比较好。

邻国友善，又有强援，还有充实的国防武力，

说实在的，举目四顾，我们看不到什么国防威胁。

不过，扪心自问，这些难道只是运气吗？

当然不是。这是因为1967年起，国军就开始保卫我们的自由。

是新加坡军队的付出，而非运气，

捍卫了我们的经济秩序，工作机会和生活形态，

我们得以生存繁荣，是人们为保持独立牺牲奉献的结果。

是因为人们了解他们的牺牲奉献是值得的。

因为除了你自己，没有人会为我们的国家牺牲奉献。

新加坡，今日所有全非侥幸。

图3-1 新加坡的重要标志：鱼尾狮

这是新加坡国家宣传片中的文案。文案的正文中，讲述了新加坡的现状和危机。标题中"今日所有，全非侥幸"，这短短八个字，道尽了新加坡人立国之艰辛，告诫民众要居安思危。

> **文案大师语录**
>
> 对我而言，文案的关键在于探索，追随直觉比遵循简报更重要。我认为优秀的广告文案不完全是为了客户或公司而写作，甚至不是为了读者……他们写作是为了自己，如果这话没错，那可真是个生动的讽刺。
>
> ● 约翰·贝文斯私人有限公司创办者，文案大师　约翰·贝文斯

悬念式标题：触动读者的好奇心

如果我对你说："我有一种方法，可以让所有读者都被你的文案吸引。"你或许会顺着这个问题想出无数种可能。人类天生就喜欢追寻新鲜事物，一个普普通通的疑问，就能将他们的注意力吸引过来。悬念式标题激发了读者的好奇心，从一开始就将读者的注意力牢牢抓住，从而使文案的说服效果大大提升。

悬念式标题可以加深阅读效果

在文案写作上，最好的效果当然是写出有趣又有料的内容，让读者瞬间被吸引。但是这种境界实在太难达到了，它要求人们具有极高的写作能力，对文字的把控力和对故事的驾驭力都要达到驾轻就熟的程度。即便是大卫·奥格威、乔治·路易斯等广告大师，恐怕也不敢说自己能达到这种境界。而悬念式标题可以很好地解决这个问题，极大地提升文案的可读性。

比如，针对以下几个文案标题，选出你最想读的文章：

《她辞职以后去炒股，结果亏损500万》

《鼓楼家具城十周年庆典》

《俄轰炸机坠机视频曝光：机身分解，瞬间燃起大火》

《法院卖车，不止7折，多车型限时抢购》

《iPhone新款机型曝光，或搭载升级版芯片》

如果从不同年龄层中找来100个人做测试，人们或许会做出不同的选择。但有一点可以肯定的是，选择"鼓楼家具城十周年庆典"的人数最少，因为这条文案标题并没有给出什么有效信息，也不能给人带来任何悬念。

悬念式标题，就是通过在标题中设下悬念，或者做个铺垫，在阅读者心中埋下疑问，为阅读者提供一个继续读下去的理由。

随处可见的悬念式标题

悬念式标题在生活中十分常见，因为它的效果非常明显，也很受人们欢迎。在观看和浏览电视节目、自媒体文章时，我们经常能够看到悬念式标题。

【解局】两个"如坐炉火"的职位，一个社会的缩影

2019年1月26日 原创

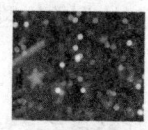

这些老外眼中的中国长这样

2019年1月26日 原创

【解局】政治局开年首次集体学习，为何选在了人民日报？

2019年1月25日 原创

【解局】一国俩"总统"？委内瑞拉的魔幻与现实

2019年1月24日 原创

图3-2 某公众号使用的悬念式标题

利益诱惑型的标题：

《100句超级广告语，月薪三万的文案方法》

自曝秘诀型的标题：

《每月只上一天班，年终奖却拿得最高，我是这样做的……》

非常规对比型的标题:

《比真正的橘子还有橘子味》

前后矛盾型的标题:

《赶时间的人,总是没时间》

……

自媒体出现之后,很快引起了一股全民写作的热潮,写作的内容多种多样,标题命名的方式也是五花八门。根据我的观察,在所有的自媒体写作中,悬念式标题占据了极高的比例,甚至可以说悬念式标题已经成了自媒体作者的必备武器。这或许是因为悬念式标题看起来最难写,同时也是最有趣的标题写作方法吧。

《经典案例解析》

苏州归去来别墅文案

"霜叶红于二月花"。

你之所忆,是否也是女儿之所见?

图3-3 "归去来"别墅的户外广告

生活在苏州里的人,有时也会非常想念苏州。

二十年时光流转,带来了富足近奢的享受,余下的,更多是对旧时苏州的想念。

那些多年前不可奢望的梦想已成寻常,而从前质朴的自然生活却又如隔世般难以寻回。

"归去来兮,田园将芜胡不归?"

故园依旧在,桃花已然红,石板路苔青初褪,园中井水一样冰冷甘甜……

还好,我们还有归去来。

归去来,苏州故园,人文别墅。

以新建筑构造苏州新生活,

最能还原你记忆中醇粹的苏州味。

似是故人归。

这是苏州"归去来"房产项目的平面广告文案，是第十四届中国广告节房地产获奖作品。

如果只看标题，我们完全无法知道文章中究竟写的是什么。开篇一句诗，加上一个提问句，让人摸不着头脑，但却隐隐约约地产生了一种极美的印象。这种美，是对旧时光的记忆，是对深秋红叶、自然生活的向往。这种写作手法很像国画中的留白，看似没有着色，却让人回味无穷。

> **文案大师语录**
>
> 我们能打动的读者只会是那些对我们的主题感兴趣的人。没有人会为了娱乐的目的读广告，不管广告是长是短。把他们当作是站在你面前的、想从你那里得到信息的潜在顾客，给他们足够的信息，让他们行动起来。
>
> ● 现代广告奠基人之一　克劳德·霍普金斯

警告式标题：把丑话说在前头

人的本性是趋利避害的，当我们看到他人的警告时，内心的恐惧会促使我们集中注意力。警告式标题就像一位饱含智慧的老者，把文案中最核心的要素，即产品能够解决的问题清楚无误地指了出来，并且用最直接、最通俗易懂的方式传达给读者，使得读者在恐惧的驱使下屏息凝神，仔细聆听其中的道理。

"损失厌恶"效应与警告式标题

警告式标题的作用，可以用消费心理学中的"损失厌恶效应"来解释。"损失厌恶"是指人们面对同样数量的收益和损失时，会认为损失更加令他们难以忍受。说得通俗一点，就是相比于得到，失去给人带来的情绪更激烈。

我们不妨来看两个例子。

第一个场景：

你在马路边散步,突然发现地上有一张100元的纸币,你很高兴,捡了起来。或许你还会感到幸运:"长这么大了,第一次捡到这么多钱"。但也仅此而已,用不了几天,你就会把这件事忘得一干二净。

第二个场景:

你在马路边散步,回家以后才发现出门时口袋里装的100元纸币不翼而飞了,你非常懊恼。甚至过了两个月以后,再想起来这件事,还是会嘟囔一句:"我太倒霉了,出个门就把钱丢了。"

同样是100元纸币,捡到和丢失给人带来的心理感受是截然相反的。因此,和普通的文案标题相比,警告式标题更容易挑动读者的情绪。与其告诉读者"做了这件事,你能得到××",不如对他说"不做这件事,你就会失去××"。

使用警告式标题,关键在于找到目标人群最关心的因素,找出他们心中不安全感的来源。警告式标题下的内容应由陈述某个事实开始,凭借事实让读者意识到之前的所作所为是错误的,从而产生一种极度的危机感。

先说坏结论,是警告式标题的核心

警告式标题的原理是相同的,因此在写作时可以总结出一些规律，按照这些规律去做，就可以快速写出多则警告式标题。

我们知道，在警告别人的时候，难免会说到不好的事情。警告式标题也是一样。把坏事放在标题里，会给读者造成很大的刺激。比如：

《化妆品竟然能让皮肤衰老》
《定闹钟竟然也会导致失眠》

化妆品的作用是护肤，标题中却将它和皮肤衰老放在一起；定闹钟的作用是提醒起床，作者却说它会导致失眠。将丑话说在前头，会给人一种意外的感觉。警告式标题的精髓，就是先表达某件事情的严重后果，进而柔和地告诫人们不要这么做，否则将会如何如何。

在写警告式标题时，最好选择生活中常见的事物，给读者营造一种不经意间的发现。唯有这样，才能最大限度地激发读者的恐惧心理，进而使他们产生阅读兴趣。

《经典案例解析》

天下文化出版社：我害怕阅读的人

不知从何时开始，我害怕阅读的人。就像我们不知道冬天从哪天开始，只会感觉夜的黑越来越漫长。

我害怕阅读的人。一跟他们谈话，我就像一个透明的人，苍白的脑袋无法隐藏。我所拥有的内涵是什么？不就是人人能脱口而出，游荡在空气中最通俗的认知吗？像心脏在身体的左边，春天之后是夏天。美国总统是世界上最有权力的人。但阅读的人在知识里遨游，能从食谱论及管理学，从八卦周刊讲到社会趋势，甚至空中跃下的猫，都能让他们对建筑防震理论侃侃而谈。相较之下，我只是一台在MP3时代的录音机：过气、无法调整。我最引以为傲的论述，恐怕只是他多年前书架上某本书里的某段文字，而且，还是不被荧光笔画线注记的那一段。

我害怕阅读的人。我祈祷他们永远不知道我的不安，免得他们会更轻易击垮我，甚至连打败我的意愿都没有。我如此害怕阅读的人，因为他们的榜样是伟人，就算做不到，退一步也还是一个我远不及的成功者。我害怕阅读的人，他们知道"无知"在小孩身上才可爱，而我已经是一个成年的人了。我害怕阅读的人，因为大家都喜欢有智慧的人。我害怕阅读的人，他们能避免我要经历的失败。我害怕阅读的人，他们懂得生命太短，人总是聪明得太迟。我害怕阅读的人，他们的一小时，就是我的一生。

我害怕阅读的人，尤其是，还在阅读的人。

这几段文字摘录自天下文化出版社的宣传文案《我害怕阅读的人》，它出自奥美广告公司之手。这是一篇极为经典的长文案，主题是劝人读书。如果让其他人来写，或许会写成"读书的人更优秀""不读书你就输了"等形式。然而奥美没有这样做,而是另辟蹊径,抓住人们内心对读书的期望——成为更优秀的人。"我害怕阅读的人",潜台词其实是在警告人们"不阅读就会落后于人"。

文案大师语录

营销者不仅要促进人们购买你的产品,更重要的是,你还应该帮助人们对自己的选择感到满意。因为只有消费者内心感到满意了,才会再次购买你的产品。当人们对自己的选择满意时,他们从产品中得到的收获会更高,对品牌也更有好感。

● 博达大桥广告公司决策制定研究所创立者　马修·威尔科克斯

引导式标题:"你应该这么做"

文案就是一场厂商与读者的对话,要想让读者继续看下去,可以设置悬念引诱读者,也可以直接叙述,亮明观点。引导式标题,就是告诉读者"你应该这么做",引导读者听从我们的建议。写好引导式标题的原理是找到读者的痛点并给出方法,让读者自然而然地认可文案的内容。

引导读者,增强文案的说服力

每个人都有自己想要解决的问题,但是由于自身条件的限制,我们只能借助于外界。从这一点来说,每个人都可以是消费者,都有可能被文案吸引。

引导式标题就是针对某一个具体的事情,给出一定的建议和方法。这类标题会带上"怎样""××的养成之道""更简单××之道"之类的字眼,这类标题能吸引大部分新人或者对未知领域感兴趣的读者的目光。

生活中，引导式标题的运用十分广泛，类型也多种多样。

（1）简单直白型。

《导入××系统，利润提升5%》

（2）另辟蹊径型。

《别赶路，去感受路》

（3）霸气外露型。

《去征服，所有不服》

（4）人生导师型。

《所有的光芒，都需要时间才能被看到》

（5）委婉劝告型。

《那个教会你说话的人，在等你给她打电话》

拆分步骤训练，写好引导式标题

如何写好一个引导式标题呢？我们不妨先把标题分解成几个步骤。

第一步，找出目标群体的痛点。

即找出读者的苦恼，写出读者的心声。比如，教人提高口才的文章，要解决的问题是口才不好，但是口才不好也有很多种表现，如发音不标准、不敢开口、说话口吃等。把这些具体的表现列出来，记在纸上，这些是标题的关键点，也是文案要着力解决的问题。

第二步，写出解决方法。

找出痛点之后，接下来要做的就是解决痛点，向读者提供一个圆满的解决方法。事实上，这种方法被大多数产品介绍类文案采用。

第三步，加工润色。

有人说，高手写文案，永远都有继续加工的可能。因为文无第一，武无第二。虽然写作的原理相通，但是在实际写作的过程中，又会呈现不同的解决方法。大多数时间里，我们都在琢磨怎样才能让文案更加完美，以下给出两种解决方法。

可以用劝导的形式去写。比如，方太洗碗机的产品文案：

要捡起心中的梦,先放下手中的碗。

也可以用劝阻的方式去写。比如,泸州老窖的文案:

别把酒留在杯里,别把话放在心里。

〈经典案例解析〉

三日不购物,便觉灵魂可憎

手为了袖子而存在,
脚为了鞋子而存在,
空间为了家具而存在,
身体为了衣服而存在,
三日不购衣,便觉面目可憎,
三日不购物,便觉灵魂可憎。

在谈论华文广告时,不能不提到许舜英,她是意识形态广告公司的总经理、执行创意总监,她的广告风格具有强烈的个人色彩,被称为"意识形态风格"。她的文案总是显得与众不同,她不会去讨好大众,而是会直接告诉人们"你们需要的是这个"。正如这篇

《三日不购物,便觉灵魂可憎》一样,她宣示了一种生活态度,引导人众建立一种新型的购物理念。

> **文案大师语录**
>
> 现在单纯依靠品牌的吸引力搞营销已经远远不够,单纯地采用打广告的方式来加强品牌,效果也不好。最好的解决办法就是从传统的"品牌"方针,转向以大脑决策为出发点的"大脑方针"。也就是说,营销者应该想办法如何影响消费者做选择。
>
> ——博达大桥广告公司决策制定研究所创立者　马修·威尔科克斯

数据式标题:有理有据更显说服力

文案的主要工具是文字,但又不仅仅是文字。有时候,在文案中加上数据,可以使文案传达的信息更精确、说服力更强。卖点的描述必须要有理有据,才能让人信服,不要试图为读者的理解制造障碍,你若不主动解释清楚,读者也不会深入思考。所以,在条件允许的前提下,你可以尝试着为每一个卖点都提供数据支持,做出清晰的说明。

列出数据,使卖点更清晰

当下是新媒体盛行的时代,也是数据化的时代,几乎各行各业都想借助大数据的东风,广告界也不例外。现在很多广告人也开始运用软件分析市场行情了,如利用爬虫软件抓取大数据,进行市场调研。而在文案方面,人们也越来越多地强调数据和模型,数据式标题出现的频率也越来越高。

究其原因，即数字比文字更直观、更具象。文案写作的关键是突出产品的卖点，通过对产品的卖点进行描述，吸引消费者购买。但是，卖点的描述也是需要技巧的，单纯的文字描述未必能够打动消费者。比如，下面几则文案：

文案写作实操，纯干货指南。
××寿司店，精选新鲜三文鱼。
××牛奶，为您补充丰富的营养。

这些文案都将产品的卖点写出来了，"干货指南""新鲜三文鱼""丰富的营养"。但是，读者在看到这些文字的时候，脑子里仍然只有一个模糊的概念，三文鱼的形象倒是比较具体，可是新鲜的程度又该怎样量化呢？

如果加入数字，效果就会显著提升：

文案写作指南，与您分享8个实战技巧。
××寿司店，精选0度冰鲜三文鱼。
××牛奶，1瓶补充21种营养元素。

可以看到，因为数据的加入，进一步阐释了文案的卖点，文案显得更直观了。

数据式标题组合原则

数据式标题的特点非常明显,它很适合产品介绍类文案,读者从标题中就能对产品的卖点产生清晰而直观的印象,利益点非常明确,减轻了理解上的难度。

在写作数据式标题时,关键元素主要有以下三个。

(1)核心词:产品名称、厂商名、商业理念等。

(2)数量词:具体的数据,用数字表现出来。

(3)属性词:特别之处,即产品的卖点。

将这些元素组合在一起,就可以得到一则数据式标题。比如:

《办公室职场生存的十条法则》

《奥美运营总监总结的99条文案技巧》

《×××创造3亿销售额的秘密》

可以看出,写作数据式标题是比较容易的,即便是初入职场的文案新手,也可以通过这种方法组合出一则像样的文案标题。

在写作数据式标题时,需要遵循宁缺毋滥的原则。一个数据的出现,必须要给读者带来有价值的信息,否则就不要使用。比如:

《××学校用200堂课,300天时间,让你学会油画》

200堂课和300天只需要出现一个即可，读者就已经可以产生大致的印象了，两者同时出现，并不能带来更多的信息，只会显得啰唆。

> 经典案例解析

《天下足球》：海布里的最后一吻

图3-4　亨利深情亲吻绿茵场

32岁的亨利就坐在那里，深情的目光望过去，都是自己22岁的影子。

380场比赛，226个进球，4座英超金靴，2座英超奖杯，49场不败。

历史最佳射手，海布里的最后一战，海布里的最后一吻。

当烟花升起的时刻，那个曾属于亨利的海布里国王时代不会随年华逝去，而只会在年华的飘零中常常记起。

这是央视《天下足球》栏目中的一则经典文案，讲述的是法国传奇球星亨利的故事。亨利是1998年法国世界杯冠军队的成员，2014年在英国伦敦的海布里球场完成他的最后一战，随后退役。赛后，亨利双膝跪地，深情地亲吻了海布里球场的绿茵场，令无数球迷为之感动。

这篇文案原来的标题是《亨利：谁与争锋》，但是很多人更愿意使用另一个标题《海布里的最后一吻》。相比之下，虽然前面的标题更简洁、更直观，但"最后一吻"的表达方式则使得后面的标题更具有浪漫气息。

> **文案大师语录**
>
> 成功的关键在于允诺给消费者好处——更好的味道、清洗得更白、每一加仑可以多跑些路、肤色更好等。
>
> ——"广告教父"，奥美广告公司创始人　大卫·奥格威

直白式标题:重剑无锋,大巧不工

有一种文案人,他们不故弄玄虚,一上来就是大实话,言语之中干货满满,态度不卑不亢。只需要看一遍文案标题,你仿佛就能够透过文字看到作者那副严肃的面孔。很多人觉得,这种写作方式太笨拙,已经过时了,不再适合今天的文案写作。其实,这种直言式标题恰恰是最有效的写作方式。

简单直白的语言中蕴含着巨大的能量

国学大师王国维在《人间词话》中讲述了做学问的三重境界:

"昨夜西风凋碧树。独上高楼,望尽天涯路。"此第一境界也。"衣带渐宽终不悔,为伊消得人憔悴。"此第二境界也。"众里寻他千百度,蓦然回首,那人却在灯火阑珊处。"此第三境界也。

这做学问的三重境界同样适合文案写作。

第一重境界:"昨夜西风凋碧树。独上高楼,望尽天涯路。"初入行业时,立志做个好文案,要写出天下最优秀的作品。登上高楼,山河美景,尽收眼底。为此,我们不断学习新的写作技法,提升写作水平。

第二重境界:"衣带渐宽终不悔,为伊消得人憔悴。"三分钟热度过去以后,接下来才是考验耐心的时刻。立志容易,做事很难,在学习期间必然会经历挫折和痛苦,有时甚至会产生放弃的想法。

第三重境界:"众里寻他千百度,蓦然回首,那人却在灯火阑珊处。"经过长年累月的不断训练,我们积累了丰富的写作经验,这时才发现,原来写作如此简单,平凡的词句中蕴含着巨大的能量。

大音希声,大象无形,最高明的往往也是最自然的,恰如"重剑无锋,大巧不工"。说到底,文案写作是一门交流的艺术,就像朋友之间的对话一样。与其把时间浪费在华丽繁复的语言修饰上,不如好好想想如何用朴实的语言将其表述出来。

"标题党"式写作应当适可而止

曾几何时,很多文案写作人爱上了"标题党"的形式,一件简简单单的事情,一定要故意把标题写得骇人听闻。等到读者打开一看,才发现自己被作者骗了,正文完全是另外一回事。

最初，这种"口是心非"式的标题写作起到了很好的效果，在吸引眼球的同时，也给人们带去了欢乐。但是，当读者习惯了这种写作模式之后，逐渐对它感到厌倦，甚至是痛恨。在"标题党"横行的今天，很多人已经练就了一项本领，一眼就能看出谁是标题党，谁在蹭热点，甚至有些标题不过是在制造文化垃圾罢了。

文案标题应当起到画龙点睛的作用，你可以使用一些技法来吸引读者，但是不能为了吸引读者而严重夸张。

很多文案新手误认为直白式的标题过于平庸，要吸引流量，就必须采用"标题党"的模式，取个夸张的标题。然而从现实的角度来说，直白式标题的转化率更高。比如，某商场里的促销文案：

××超市周末促销，限购5包/人，数量有限，售完为止。

短短的21个字，包含了许多信息，地点（超市）、时间（周末）、事件（促销）、数量（5包/人）、形式（限购）。当消费者来到超市时，看到超市中悬挂的条幅，很快就会一传十、十传百地将消息散播出去，这则文案的宣传效果也就达到了。

因此，我也想借着这本书发出一声劝告："标题党"们，适可而止吧！

〈经典案例解析〉

Lucky Strike：It's toasted!

这是好彩香烟（Lucky Strike）的广告词，也是文案人最为熟知的经典广告文案之一。这是一句极为直白的文案，它只是将香烟的制作工艺说了出来，却取得了极为成功的效果。

图3-5　好彩香烟广告图

在美剧《广告狂人》中，生动细致地讲述了这句广告词的来历：我们不妨将时间调回20世纪60年代，回到当时的时代背景下。当时的好彩香烟面临着巨大的销售压力，一方面，医学界提出抽烟可能致癌，人们对此进行了热烈的讨论，美国所有的媒体都在报道这件事，并且齐刷刷地将枪口对准了香烟产业的一些巨头；另一方面，竞争对手步步紧逼，逐步蚕食市场份额。在剧中，好彩香烟找到了当时纽约最好的广告人唐·德雷柏，请他设计广告文案。

唐·德雷柏思考了很久，突然灵机一动，想到了这句广告词：It's toasted！翻译成中文就是：这是烘焙的！

这句广告词绕开了抽烟可能导致癌症的话题，而将视角转向香烟的制作方法和独特口感上。尽管所有的烟草公司都有（烘焙）toasted这道工序，却只有好彩香烟将它标注了出来，消费者更加愿意相信，烘焙过的好彩香烟更健康、更醇厚。

另外，toasted还含有"被祝福过的""举杯庆祝"等含义，这也在无形中又增加了消费者对这款香烟的好感。

> **文案大师语录**
>
> 标题是大多数平面广告最重要的部分。它是决定读者是否会读正文的关键。读标题的人平均为读正文的人的5倍。换句话说，标题代表着为一则广告所花费的80%。
>
> ● "广告教父"，奥美广告公司创始人　大卫·奥格威

第四章

简洁明了的叙述,让文案更抢眼

文案人当然希望读者越多越好,因此文案写作的重要原则就是容易传播,所以你的文案必须能够让人一眼读懂。你可以发挥创意,从新颖的角度去写,但是切忌兜圈子,否则反而会给文案的传播造成阻碍。

简洁的语言才能激发购买欲望

和文学创作相比，文案创作的篇幅比较短，人们熟知的很多经典文案尽管只有一句话，甚至短短几个字，却能吸引无数人。怎样写作才能使文案拥有这样的魔力呢？首先我们必须抓住文案写作的根本原则，逐步改进文案。事实证明，简洁的语言更容易抓住用户的心理，从而提升传播效率。

文案写作的第一原则：提升传播效率

一篇优秀的文案，能给消费者留下深刻的印象，这对企业而言是非常重要的。优秀的文案可以推动企业蓬勃发展，甚至可以令一个企业起死回生。比如，江小白一度是面临倒闭的小酒厂，后来改变了营销策略，用一系列新颖又符合潮流的文案吸引了人们的注意，到现在其年销量已经超过10亿。

然而，很多人在写文案的时候，容易陷入一个误区，他们认为写文案就是要将自己的才华发挥到极致，写出最优美的诗篇。他们经过苦苦思索之后，终于写出了一篇文案，自以为非常完美，拿给领导一看，领导并没采用。

说到底，他们其实是忽视了文案写作的根本。

我在前文提到过，文案是广告的一部分。从这一点来说，文案写作的第一原则就是：提升传播效率。我们要做一个品牌，从品牌命名，到设计LOGO、想广告语、定宣传文案，都是为了能够更好地传播这个品牌，并在有限的预算之内，尽可能地提升传播的效果。

牢记这一点，方能写出打动消费者、而不是仅仅自我感觉良好的文案。

精心打磨，使用简约而有力的文字

要想提升传播效率，文案写作当然是越简约越好，这是由人类的记忆能力决定的。相对于一大段文字，我们更容易记住一两句简短的话语。那些经典的短句文案总是很容易被人记住，并且呈现出病毒式传播的态势，比如：

年纪越大，越没有人会原谅你的穷。

将所有的一言难尽，一饮而尽。

一对好朋友，两杯好啤酒。

不是我戒不了酒,是我戒不了朋友。

对于这些篇幅简短的文案,你可以在几秒钟内就记住它们。假如多看几遍,或许你永远都不会忘掉它们。甚至于你虽然对某些文案印象深刻,却已经忘了它的产品是什么。

相比之下,那些长文案的处境就尴尬得多了,除了业内人士,几乎不会有人能够背下一篇经典的长文案,哪怕它是业内公认的"天下第一文案"。

看到这里,相信各位读者朋友也应该明白了,简约的文案写起来并不容易。最后呈现在观众面前的每一句文案,其实都是文案人经过无数次的煎熬、无数次的对比以及无数次地推倒重来,精心打磨出来的语句。有时候,我们写了满满一页纸,最终筛选留下来的可能只有一个词语而已!最终留下来的文案,真可以用"字字珠玑"来形容了。

经典案例解析

中央电视台公益广告:再一次,为平凡人喝彩

再一次,为平凡人喝彩!

图4-1 再一次,为平凡人喝彩

生活没有彩排,人生也没有彩排。

总会有些时候,满心期待换来的是失望或者是不体谅。

环顾四周,似乎只有你自己在徘徊。

努力了好像还是看不见希望。

你甚至一度认为,没有人比你更加的不如意了。

渐渐地,你会开始不自信、不勇敢、不愿向前。

然而,每当这个时候,你都能在心中听到一个声音,清晰而坚定:再来一次!

当生活的哨声响起,

再一次,选择责任与担当;

再一次,为成长积蓄力量;

再一次,只为追逐的梦想更近些;

再一次,为了更多人能分享阳光;

再一次,相爱在通往年轻的路上;

再一次,坚守心中的完美。

这一刻,每个平凡人,

旧的自我离开,新的自我诞生。

成功与否并不重要,因为这不仅仅是为了自己。

我们总会在逆境中汇聚再一次的能量,

这个民族只会越挫越强,

这个世界永远欣赏每一个敢于再来一次的人。

再一次,为平凡人喝彩!

很多人认为，这是央视有史以来拍得最好的公益广告。它的主题很明确：为平凡人喝彩。广告讲述的是几位主角遭遇挫折，并且在逆境中坚守，最终获得成功的故事。虽然广告的主题并不新颖，甚至可以说是陈旧，然而作者只用了一些平常的文字，简洁的语言，就写出了一种气势磅礴的感觉，运用几个"再一次"的层层推进，表现出了一种坚韧不拔的精神，可见作者创作文案功力不凡。

> **文案大师语录**
>
> 言简意赅而令人折服的真理能产生巨大的影响。简洁明了意味着一切。假如你难以将你的论证归纳为几个朗朗上口的单词或短语，那么你的论证中就肯定有不对的地方。
>
> ——盛世长城广告公司创始人　萨奇兄弟

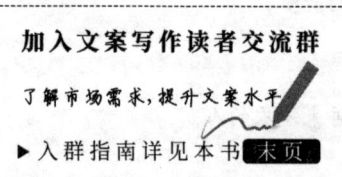

精心锤炼文案的第一句话

俗话说,万事开头难,好的开始是成功的一半。文案写作也是一样。在文案人身上,我们经常会发现这样一种情形:领导将选题布置下来以后,文案人就开始苦思冥,但一整天过去了,他除了翻书、浏览网页之外,什么事也没做成,纸上仍然干干净净的。不过等到他写好文案的第一句话之后,接下来的事情就容易多了。

在第一句话中营造场景

进行文案创作,必须对文案的第一句话反复推敲。如果第一句话写得好,成功吸引了读者的注意力,那么这篇文案就相当于成功了一半。那么如何才能在开头就抓住消费者的心,让他们继续阅读下去呢?

我从网上选了几篇文章的第一句话,大家不妨先来看看它们有什么特点。

历史上的1月29日张伯伦又是两度上榜，而杰里·韦斯特也有单场53分的表现。

最近热播的电视剧《知否知否应是绿肥红瘦》已经播出一半多了，剧中的主线人物也都陆续出场了，看过剧的小伙伴是不是觉得剧中有很多熟悉的面孔？

日前，连云港海州公安分局新东派出所里发生了令人哭笑不得的一幕：一名小偷在盗窃得手后，竟然主动跑到了派出所里，想要拿回自己上次被拘留时落在派出所里的东西，结果自然可想而知。

八年前，我在北京和天涯相识，八年后我才鼓起勇气，对他说一句"我喜欢你"。

两度上榜、熟悉的面孔、小偷主动跑到派出所、八年后的一句"我喜欢你"，这些场景都是生活中可能发生的事，容易引起读者阅读下去的兴趣。

即便在一些文学作品中，我们也可以看到类似的手法。比如，太宰治的《人间失格》中的名句：

生而为人，对不起。

短短的七个字，却掩藏着许多信息。"生而为人"是我们每个人都在进行着的阶段"对不起"则是一种与幸福生活相反的情感。看到这句话，读者的心里会感到非常困惑，究竟是什么原因，促使作者写出这句话的呢？

写好第一句话的三个原则

通过对上面的例子进行分析，我们可以总结出写作文案第一句话的三条原则。

（1）必须能够引起人们的好奇心，一眼就能抓住读者的心，就像文案的标题一样。你可以写得有趣，也可以写得深沉，总之不能太平庸。

（2）文案的第一句话必须简短有力，同时包含一定的信息。第一句话应该便于理解，要删繁就简，使之朗朗上口、意犹未尽，这样读者就必然会去阅读第二句话。

（3）文案内容必须是人们容易理解的事物，如广为流传的电影、曾经有过的爱情、知名度很高的人等，这样才能够引起共鸣。

说到底，文案的第一句话，唯一目的就是让读者能够有兴趣继续读下去，仅此而已。

〈经典案例解析〉

步履不停：办公室和森林系

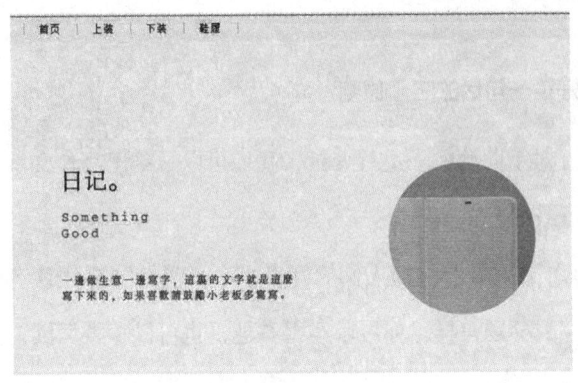

图4-2　步履不停的首页

你写PPT时，

阿拉斯加的鳕鱼正跃出水面；

你看报表时，

白马雪山的金丝猴刚好爬上树尖；

你挤进地铁时，

西藏的山鹰一直盘旋云端；

你在回忆中吵架时，

尼泊尔的背包客一起端起酒杯坐在火堆旁。

有一些穿高跟鞋走不到的路，

有一些喷着香水闻不到的空气，

有一些在写字楼里永远遇不到的人。

这是一家名叫"步履不停"的店铺宣传文案，后来被无数人转发过。和其他专注于做广告的店铺相比，这家店铺显得有些"不务正业"，店家在文案写作上花费了巨大的心血。

在这篇文案中，我们只需看到第一句话，就会立即被吸引。写PPT和鳕鱼跃出水面，这两件事虽毫无关联，却同时发生，给人一种强烈的反差感。文案整体写出了那些在城市中忙碌着的年轻白领的心愿：虽然身在办公室，但是真的好想去看看世界啊！

> **文案大师语录**
>
> 假如你的产品或服务能够解决问题，你应该将问题放在销售信的第一段，然后再告诉客户你的产品或服务如何为他们解决问题。这种做法有两个好处。首先，这样的开场白可以筛选出特定的客户群。其次，这种写作模式能清楚而直接地点出产品会如何为客户解决问题。
>
> ● 美国传奇文案写手　罗伯特·布莱

自嗨式文案是文案写作的大忌

文案写作的其中一个任务是与读者或观众产生共鸣,为此你必须精心筛选材料,写出新颖有格调的句子。很多文案之所以让人感觉非常平庸,原因就在于作者未能找到新的切入点,他们写出的句子虽然好看,但是文案的立意仍然在重复前人的工作。从本质上来说,这属于自嗨式文案,而不是好文案。

如何避免写出自嗨式文案

一篇优秀的文案,必定会经过无数次修改,很少有人下笔就能写出"Think small"这样精准的文案。很多情况下是作者自我感觉良好,却无法触动消费者。比如,"初见惊艳,再见依然",当看到这样的文案时,你能知道作者到底在说些什么吗?

这就是我们所说的自嗨式文案,看似精美,其实是陈词滥调,这样的文案只会给产品减分。那么,我们该如何避免写出自嗨式文案呢？

1. 避免使用特殊句式和生僻字

使用一些特殊句式和生僻字，虽然可以使文案显得与众不同，但是它的缺点也非常明显：一是容易产生歧义，二是会阻碍人们理解文字的意思。比如，写一款防晒产品的文案，使用"无惧徂暑"，会让消费者很难理解文案想表达的意思，倒不如直接改成"无惧酷暑"有效。

2. 注意专业词汇的使用

尽管专业词汇可以增强文案的说服力，却也会造成理解上的困难。消费者只关注产品能否达到要求，很少专门去研究这些。因此不要在文案中大篇幅地出现专业词汇，这会让人看得一头雾水。这里要掌握两个原则：不要在一句话中出现两个专业词汇；不要大篇幅地解释专业词汇。

尝试用新的切入方式写文案

很多时候，我们接到的文案主题大多是非常固定的，很难找到新的创意点。比如，形容一款甜点，你的着眼点只能限定在甘甜、好吃、美味上，这是商家希望传达给消费者的内容。我们不可能拿着一款甜点，却对别人说："这款食品很苦、很辣，您尝尝吧？"这样说话，确实可以引起人们的好奇心，只不过是负面的，能够吸引的或许只有异食癖消费者吧。

针对这种主题比较固定的情况，我们不妨另辟蹊径，用新的切入方式去写作文案。广告大师奥格威曾经给劳斯莱斯写过一个产品文案。众所周知，劳斯莱斯是汽车中的奢侈品，极其重视驾驶体验。劳斯莱斯公司一位著名的工程师说："其实没有什么奥妙，无非是对细节一丝不苟。"

奥格威的文案主题也没有偏离这种驾驶体验，他最终写出的文案是这样的：

这辆新款劳斯莱斯时速达到96千米时，最大的噪音来自电子钟。

很明显，他要传达给消费者的是这款汽车的隔音效果非常好，驾驶时非常安静。这个创意点并不新颖，已经被很多家汽车公司采用过，但是奥格威的厉害之处在于他没有顺着以往的写作方式去写"静享时光""宁静无声"之类的文案，而是采用了一种新的切入方式，用电子钟的声音，突出了整车的安静，而且这个声音还是在时速96千米时听见的，由此不难想见，劳斯莱斯的性能有多么优越。

经典案例解析

"这么大的"牡丹饼

图4-3 "这么大的"牡丹饼海报

我想做这么大的牡丹饼！把你的梦变得甜甜的。

给我拿90根蜡烛来！老店百年，老爷子90岁。

你在毕业典礼上吃的红白团子就是我做的哟，带着这片地区的回忆的味道。

偷吃一个不会被人发现的,最好吃的都被我吃啦。

人要是死了,灵魂只有21克,就是这个团子的一半。

长寿的秘诀?把店里剩下的统统吃掉!所以戴假牙了嘛。

其实我不喜欢点心呢。人生并不甜。

这是日本大阪一家点心店的海报文案。这家点心铺隐藏在一条老巷子里,一度被人遗忘。但后来靠着这组海报,再次火了起来。海报上的这篇文案,讲述的都是生活中很常见的事物,容易被人理解。透过文案,仿佛就能嗅到牡丹饼的香甜味道。

> **文案大师语录**
>
> 消费者不是白痴,她是你的妻子。如果你认为只要一句广告词配上一些索然无味的形容词,就可以说服她去买任何东西,那你是在侮辱她的智慧。她要的是所有你能提供的资讯。
>
> ●"广告教父",奥美广告公司创始人　大卫·奥格威

以情动人，触及消费者的真实情感

有的文案让人读不下去，有的却能获得众人的交口称赞；有的广告会被人直接屏蔽，有的却能让人主动去了解。说到底，在这个商品经济极度繁荣的年代，我们仍然需要文案作品来表达心中的情感。

文案的工作就是要打动人心

优秀的文案或许不需要太好的文采，但是写得很真实、很接地气，能够打动人心，因此也能给产品带来可观的销量。

通常，市场上的文案会从正反两个角度来刺激消费者的痛点。

（1）正向刺激：这样做，你能收获什么。

（2）反向刺激：不这样做，你会失去什么。

比如，江小白的其中一款文案：

手机里的人已坐在对面，你怎么还盯着手机看？

这则文案可以理解为正向刺激,因为它的主要意思是鼓励人们放下手机,珍惜与朋友见面的时光。

红星二锅头的一款文案是:

不是害怕离开,而是害怕,再也回不来。来北京时,我说"我来了,我征服"。决定离开北京那晚,我酩酊大醉,我说"我来过,我走了"。北京欢迎你,却也从不挽留你。

这则文案更偏向于反向刺激,它把着眼点放在北漂群体对生活和理想的无奈上,告诉人们"走了,再也回不来"。

为什么"你的同龄人正在抛弃你""凌晨四点的哈佛"这样的话题能够引起人们的热议?因为人们心中都有焦虑感,而这些话题就是商家故意用来打动人心的。

细分人群,深入刻画痛点

生活经历的不同,决定了各个年龄层的人会有各自独特的思维方式,因此我们会发现市场上不同的文案也会有各自鲜明的特色。

比如,百雀羚一贯的宣传理念:

中国传奇,东方之美。

这则文案给人一种非常严肃、正式的感觉。

而丧茶的文案：

年轻人嘛，现在没钱算什么，以后没钱的日子还多着呢！

这则文案给人一种非常颓废和腹黑的感觉。

深入细分人群，带来的是清晰的用户画像。不能简单地把产品的受众定位为"消费者"，消费者只是一个笼统的概念。一个"90后"的程序员既属于"90后"群体，也属于"程序员"群体，他身上有着多重属性，如推崇理性、科学，希望有高质量的生活等。

《经典案例解析》

麦当劳：蹲下来，爱在相同高度

这是麦当劳的一条视频广告。整整90秒的视频中，人物没有一句台词，仅仅在最后出现"蹲下来，爱在相同高度"这则文案。然而这支广告却能用充满情感的生活片段，以及充满情感的背景音乐来渲染气氛、带动观众的情感。

麦当劳推出这则广告的目的是宣传麦当劳的自助点餐机，它有一个特别的功能：儿童点餐模式。但是儿童通常不会单独前往麦当劳，而是会在大人的陪伴下点餐，因此麦当劳仍然将受众群体定位为儿童的父母。这支广告挖掘出了产品的独特功能及亮点,在创意上融合了品牌对消费者一直以来的关爱精神,让人一看就觉得这很"麦当劳"。

图4-4　蹲下来,爱在相同高度的视频广告截图

文案大师语录

如果你希望做出一点成绩,最重要的是潜心屏蔽,不受外界的干扰,清静澄明,方可能有所成。广告的本质是表面功夫,浮光掠影,要摆脱惯性,并不容易。潜下去吧,最美的境,在最深的海。

北京奥美首席文案总监　林桂枝

第五章

借助修辞手法，为文案画龙点睛

修辞手法能够提升文学作品的水准，也是文案创作中常用的手法。为了达到传播效果的最佳化，优秀的广告文案作品常常通过一定的修辞手法来营造氛围，形成特定的语境，吸引消费者的注意力，增加消费者的参与感。文案中常用的修辞手法主要包括比喻、拟人、排比、对偶、双关和通感。

比喻法：把抽象的事物表现得更加亲切

比喻是一种常用的修辞手法，通过用两件事物进行对比（这两件事物的本质不同，却又具有相似之处）来说明某件事物的特性。运用比喻句能使文案的描述更加形象，更加有趣，容易引发读者的联想，富有感染力和说服力。

善用比喻句，提升文案的想象力

要形容一则文案很优秀，我们有时会说它"有嚼头"。"有嚼头"的文案不仅新奇，并且总能识破人们内心的想法，戳破一些小阴暗，让消费者感慨"还是你懂我啊"，下次再遇到相似境况时就会想起这则文案，产生记忆点，进而提升对品牌和产品的兴趣和好感度。相反，那些没嚼头的文案往往都是缺乏想象力的，即没有亮点，无法给人留下深刻的印象。

比喻这种修辞手法，是介于逻辑性思维和跳跃性思维之间的。

喻体和本体可能是毫不相干的两类事物，然而它们之间的神似之处却能极大地唤起读者的想象力，令人不禁拍案叫绝！生动形象的比喻能够让受众换一个角度认识问题，使一些原本过于陈旧的话题变得焕然一新，给人留下深刻的印象。

我们不妨仔细回想一下，看看那些运用了比喻修辞手法的产品文案。

DTC钻石的文案：

为她准备一对世界杯专用耳塞。

将钻石比喻成女人的世界杯耳塞，DTC的这条文案的确非常新颖。

奇美液晶电视文案：

世界上有一种专门拆散亲子关系的怪物，叫作"长大"。

小时候，我们喜欢看电视，总是被父母训斥；长大后，我们不再迷恋电视，跟父母一起看电视的时间越来越少。奇美的这条文案，意在规劝家长重视亲子关系，不要因为看电视的缘故过度呵斥孩子。

中华豆腐的文案：

慈母心，豆腐心。

有一种爱叫"慈母手中线，游子身上衣"，这则文案有异曲同工之妙。

中华汽车的文案：

世界上最重要的一部车是爸爸的肩膀。

这则文案则将汽车比喻成爸爸的肩膀，同样是在打感情牌。

写作比喻型文案的三个技巧

写作比喻型文案，也是有技巧可循的。如何才能写出新鲜有趣的比喻型文案呢？方法的关键在于制造矛盾。给人造成的冲突感越大，就越是能击中消费者的内心。

1. 抽象和具象的冲突

面对抽象的东西，我们可以把它具象化，使它更容易被人理解；面对具象的东西，我们可以把它抽象化，以便赋予它更多的内涵。总之，就是要变个说法，使其显得更加有趣。钱钟书在《围城》中有一个很著名的比喻句：

忠厚老实人的恶毒,像饭里的沙砾或者出骨鱼片里未净的刺,给人一种不期待的伤痛。

这实在是绝妙的比喻,把无形的恶毒,化为有形的沙砾和鱼刺,使人感同身受。

2. 动态和静态的冲突

假如文案的对象是静态的,我们不妨用动态的事物去描述它。比如,红星二锅头的宣传文案中有一款比较有名的产品文案:

把激情燃烧的岁月灌进喉咙。

这是把静态的酒,比喻成动态的激情燃烧的岁月。

3. "高大上"与接地气的冲突

"高大上"和接地气是营销的两个方向。比如,农夫山泉的经典文案:

我们不生产水,我们只是大自然的搬运工。

这则文案给人们留下了很深刻的印象,因为在那个很多人推崇"高大上"的品牌营销的年代里,农夫山泉却将公司比喻成"搬运工",像是一股清流。

第五章　借助修辞手法,为文案画龙点睛

〈经典案例解析〉

央视公益广告：爱，是陪我们行走一生的行李

图5-1　爱，是陪我们行走一生的行李

这个新年，你准备带什么回家？

每个人在此刻，

都会带上自己独有的行李踏上回家路，

行李装着这一年里你的影子，

装着你对家乡的期盼。

中央电视台每年春节期间都会制作一些短篇视频,作为公益广告,这些广告用独特的视角传递爱与力量。案例中的这则公益广告的《行李篇》,把人间的父母之爱、亲人之爱、夫妻之爱比喻成行人回家必不可少的东西——行李,意在展示我们带着行李回家,同时也是带着爱回家。

> **文案大师语录**
>
> 创作过程要求的不只是理性,大多数独创的构思甚至无法用文字来表达,是不可言传的。它是"一种意念,受制于直觉,受潜意识启发,经过不断的探索和实验产生"。大多数人都不能做独创性的思考,因为他们不能摆脱理性的桎梏,他们的想象力被束缚住了。
>
> ——"广告教父",奥美广告公司创始人　大卫·奥格威

拟人法：以人喻物，赋予产品生命力

比喻是以物喻物，而拟人则是以人喻物。在文案创意中，为文案写作的主体形象赋予人性，可以增强文案的艺术感染力，以一种轻松活泼的表现方式，传达产品信息，吸引受众。相比之下，拟人的修辞手法同样非常有趣，既能够给人带来新鲜感，同时又能拉近品牌和消费者之间的距离。

拟人化营销让消费者更容易接受

越来越多的品牌开始选择拟人化营销，如蹭热度的高手杜蕾斯自称杜杜，雕牌也傲娇地自称雕哥。有趣的是，这样的营销方式很受好评，人们认为它拉近了消费者和品牌方之间的距离。

究其原因，这就牵涉品牌理论知识了，世界著名的品牌营销战略教授戴维·阿克认为，品牌就是消费者思想中的概念。消费者与品牌建立关系时往往会把品牌视作一个形象、一个伙伴或一个人，甚至会把自我的形象投射到品牌上。一个品牌的个性与消费者的个性或与其期望的个性越吻合，消费者就越会对该品牌产生偏好。

做品牌，要善于发出自己品牌的声音。这是一项长期的品牌传播计划，建立在企业与消费者循环互动的基础上。企业需要放低姿态，主动接触消费者，倾听他们的心声，这样才能获得消费者的青睐。

戴维·阿克进一步指出，给品牌取名、取昵称，这只是入门级的营销手段，品牌还应当拥有独特的个性。他提出了五种品牌个性：真诚、能力、刺激、经典和粗犷。

进行文案写作时，同样可以借鉴拟人化营销，根据品牌的特性，写出不同风格的文案来。比如，杜蕾斯的广告文案一向写得非常暧昧，让人忍俊不禁，而越野汽车的广告文案则显得非常粗犷。

拟人化文案的四种写作技法

在写作拟人化文案时，通常可以使用以下四种方法。

1. **使用人物的动作**

直接使用人物的动作，使文案的主体具备人格化的特征。比如，一款朗姆酒的文案：

他们已经在地窖沉睡多年。

酒本身是不会睡觉的,只是人们将它放在地窖里,"沉睡"一词赋予了朗姆酒人格化的特征。

2. 使用与人物相关的名词

用人身上的事物,来指代产品,从而产生拟人化的效果。比如,英特尔处理器的一款产品文案:

给电脑一颗奔腾的芯。

"芯"字谐音"心",这是用人的心脏来形容英特尔处理器的强大性能。"奔腾"则是一语双关,既指代英特尔的奔腾处理器,又赋予处理器以人的动作。

3. 使用人类的特有行为

用人类的特有行为,来描述产品的表现,突出产品的特色和功能。比如,一家书店的宣传文案:

书在微笑,书在哭泣,书在歌唱,它们在静静等待!

4. 用第一人称的口吻说话

让产品"开口",用人的口吻说话。比如,一款汽车的宣传文案:

我的星座，是大胆做。

汽车是没有星座的，有星座的是人，而"大胆做"则谐音"大胆座"，产生了诙谐幽默的效果。

《经典案例解析》

尼尔·法兰奇：香烟和美人

图5-2 前奥美全球创意执行总监尼尔·法兰奇

绅士们总是希望他们的亲密伴侣，
个子高挑，身材苗条，肤色如蜜，衣衫漂亮，理想的话,还要一点辛辣。

但直到现在,也只有那些富裕的人一次供得起6个。

这是前奥美全球创意执行总监尼尔·法兰奇的文案作品,表面上看他写的是美人,实际上这是他为一款雪茄产品写的产品文案。

广告创意大师詹姆斯·韦伯·扬说:"创意的本质,就是旧元素的新组合。"拟人和比喻一样,都是将本质不同的事物关联在一起,从而创造出新的联想和感受。尼尔·法兰奇将香烟和美人结合在一起,创作出来的文案能给人一种独特的感受。

> **文案大师语录**
>
> 在你的文案写作中,让读者和你一起沿着一条小路漫步,或是让他们通过你的鼻子闻到香味,或是让他们经历一些你感受到的情绪,从你的描述中形成一幅想象中的画面。
>
> ● 美国畅销书作家,文案写作大师　约瑟夫·休格曼

排比法：气势逼人，加强视觉冲击力

排比是把内容相关、结构相同、语气一致的几个短语或句子连在一起使用，至少要由三个句子构成。排比能显著增强演讲者的气势，加重感觉，也是演讲中最常用的技巧，可以使讲话的煽动性十足。排比也能增强文案的气势，使文案看起来高端、大气、上档次，是文案写作中比较常用的方法。如果你实在想不到好的创意，不妨用排比句来弥补吧。

排比句的写作不能偏离品牌特质

很多时候，人们会产生这样一个疑问：这篇文案到底在说什么？

用排比句写出来的文案，通常不会直接介绍产品特点，也不会陈述商家的销售主张，而是着重描写品牌的创作概念，或者是品牌的特质。可以说前面的几个句子都是铺垫，最后一句才是这篇文案想要表达的最终意思。这是我们写排比文案的基本点。

比如，奥迪A6L的文案：

别人看到你的今天，我们看到你的昨天；

别人看到你的成就，我们看到你的奋斗；

别人看到你的付出，我们看到你的收获；

别人看到你的荣耀，我们看到你的执着。

明明是一款汽车的宣传文案，却对汽车只字不提，字里行间隐含着奥迪汽车的品牌特质，即荣耀和执着。

因此，你不需要明白文案到底在说什么，重点是你已经进入了状态。

排比句文案写作的三种方式

排比句通常是由三个或三个以上句式相同的句子组成的，每个句子的意义、结构、语气都要相同或相似，因此和一般的文案相比，运用排比句的文案的篇幅会更长一些。根据文案篇幅的长短，可以将排比句文案分为三种：词语排比、句子排比和段落排比。

1. 词语排比

句子较短，使用词语进行排比，特点是短小精悍，十分紧凑，仿佛短兵相接，拳拳到肉。比如，恺撒大帝的著名宣言：

Veni, Vedi, Vici.（我来，我见，我征服。）

只用了短短的三个词语，就总结了整场战斗，突出了恺撒的恢宏气势与不可抵抗，这句话流传至今，被认为是军事史上最简洁有力的捷报。

如此简洁有力的句子，当然逃不过文案人的法眼，很多企业模仿这句话，写出了类似的文案。比如，某服装品牌的宣传文案：

我爱，我想，我就买。

甚至还有更简单的文案，直接重复词语，就像"前进，前进，前进进"的战斗呼喊一样：

红星！红星！红星！

2. 句子排比

句子排比文案比词语排比文案的字数更多，但是本质上仍然是短篇文案。通过对一些短句或长句的排比，使文案达到想要的效果。比如：

这不是肯德基！这不是肯德基！这不是肯德基！

3. 段落排比

用大段落与大段落形成排比句式,比如:

你不必把这杯白酒干了,

喝到胃穿孔,

也不会获得帮助,不会获得尊重。

你不必放弃玩音乐,

不必出专辑,也不必放弃工作,

不必介意成为一个带着奶瓶的朋克。

这段文字节选自京东金融的文案《你不必成功》,全文用七个类似的段落组成排比句式,最终引出结论:

你不必背负这么多,

你不必成功。

《经典案例解析》

《国家地理》杂志广告文案:好奇地活着

如果你活着,你呼吸;

如果你呼吸,你说话;

如果你说话，你询问；

如果你询问，你思考；

如果你思考，你探索；

如果你探索，你体验；

如果你体验，你学习；

如果你学习，你成长；

如果你成长，你期许；

如果你期许，你发现；

如果你发现，你质疑；

如果你质疑，你提问；

如果你提问，你理解；

如果你理解，你知道；

如果你知道，你想知道更多；

如果你想知道更多，你活着。

国家地理频道，好奇地活着。

这段文案选自国家地理频道2010年拍摄的广告宣传片。整篇文案的语言非常朴实，却又环环相扣、层层推进，每个镜头都很考究，文案和图画结合，组成一部精妙的广告片。

图5-3 美国《国家地理》杂志的LOGO

> **文案大师语录**
>
> 　　除非人们相信,否则真理就不是真理。如果他们不知道你在说什么,他们不可能相信你;如果他们不注意听,他们不可能知道你在说什么;如果你让人觉得无趣,他们不可能注意听;而且,除非你说的东西新鲜、前所未闻、有想象力,否则你不可能有趣。
>
> ● 广告文学派的代表,DDB广告公司的创始人　威廉·伯恩巴克

对偶法：朗朗上口，提高传播效果

对偶是一种效果显著的修辞手法，它的典型特征是前后一对短语或句子，结构相同，字数相近，表达的意思可能是完全相反的，也可能是相近的。通过对前后两种事物或观念进行比较，产生不同于寻常的语言效果。因此，对偶可以用来展示产品的卖点和功能，让卖点更加突出。

让文案朗朗上口的对偶句

对偶句音节和谐，读起来朗朗上口，容易记诵。在中华民族的古典文化中，对偶句就已经得到了广泛运用，在古诗文中处处可见对偶句。比如：

满招损，谦受益。

近朱者赤，近墨者黑。

桃花灼灼，杨柳依依。

非淡泊无以明志，非宁静无以致远。

对偶句利用汉字的特点，能够形成非常整齐的队列，以语言的对偶造成形式上相谐调的美感和意义上相得益彰的丰富感，看起来十分醒目，听起来铿锵悦耳，读起来朗朗上口，便于记忆传播，为人们喜闻乐见。

在广告行业，对偶句也是写作文案的常用手法，比如：

五月黄梅天，三星白兰地。

这是一款白兰地酒的广告文案，刊登在20世纪40年代的上海某报刊，可以看出该文案的上下联对仗十分工整。

用对偶句写出的爆款文案

使用对偶句写出来的文案，很容易成为爆款文案，正如好丽友的宣传文案：

好丽友，好朋友。

由于好丽友的主要群体是爱吃零食的青少年，因此其广告语必须写得简单易懂，不需要读者做深层次挖掘，这句文案显然非常适合好丽友的品牌定位。

此外，对偶句还有一个好处就是很具有艺术气息，它在形式上追求对仗，在含义上讲究对比，因此读起来耐人寻味，很像古代的哲言名句。因此很多需要展示内涵的品牌都喜欢用对偶句写文案，比如汽车、地产、酒水等品牌，举例如下。

某航空公司的文案：

飞机的速度，卡车的价格。

宝马旅行轿车的文案：

有时放胆前行，有时放手远行。

轩尼诗的文案：

有生活品味，才能品味生活。

统一润滑油的文案：

多一些润滑，少一些摩擦。

苦咖啡的文案：

苦苦的追求，甜甜的享受。

中国人民保险公司的文案：

事事保险，岁岁平安。

图5-4是沃尔沃的汽车广告文案，一句"别赶路，去感受路"，虽然前后字数并不相同，但是意义上的反差，给人带来了一种非常有趣的感受。

图5-4　沃尔沃汽车广告

钉钉：创业很苦，坚持很酷

图5-5 钉钉的户外广告

钉钉是阿里巴巴旗下的一款企业沟通软件，因此它将广告宣传的着眼点放在了企业工作者身上。2017年，钉钉利用对偶手法，写出了一句"创业很苦，坚持很酷"的文案，并且以此为主题，投放了一系列户外广告。文案前后对仗，朗朗上口，准确地描述出了在大城市中打拼的青年工作者的心声。

> **文案大师语录**
>
> 看着那些凭借销量来评价广告好坏的人,我感到很震惊。只看重销量是不够的。当然,广告的目的之一就是促销。无论从哪个角度来看,一个不能促销的广告,肯定不是好广告。但是如果促销是靠制造纯粹的低级趣味或低智商垃圾而实现的,那不管它的销量有多好,都不应当被鼓励。攻击性很强的、单调乏味的、粗制滥造的广告不但不利于广告业的健康,对整个商业界也会产生不好的影响。这也就是为什么公众会对广告的印象日益递减。
>
> ● 前奥美创意总监　诺曼·贝里

加入文案写作读者交流群
了解市场需求,提升文案水平
▶ 入群指南详见本书 末页

双关法：一语双关，凸显文案的幽默感

双关，是指使一个词语或句子拥有双重含义，言在此而意在彼。使用双关这一修辞手法，可以使句子的表达变得含蓄、幽默，并且能够加深语意，令人耳目一新。很多文案大师非常喜欢使用双关法，因此写出了许多优美动听、耐人寻味的广告词。从文案创作上来说，双关有两种方式：语音双关和语义双关。

语音双关：两个字，一种读音

汉语中有很多同音字，但拥有同样发音的两个字，含义可能完全不同。在写作文案时，通过对谐音字进行分析，可以搭配出许多有趣的文案。

比如，某款化妆品的文案：

赶快下"斑"，请勿"痘"留。

"斑"谐音"班"字,而"痘"谐音"逗"字,比祛斑、祛痘的表述更加活泼、有趣。

再如,一款蚊香的文案:

默默无"蚊"。

利用成语"默默无闻"的谐音,使人们更容易记住产品。

又如,仁和药业的文案:

天时、地利、仁和。

借助"天时、地利、人和"的经典搭配,将"人和"换成同音的"仁和",同样容易让人记住。

葡萄糖酸锌口服液的文案是:

聪明的妈妈会用"锌"。

"用'锌'"谐音"用心",既突出了产品的成分,也在其中加入了母子情深的感情成分。

语义双关：一个字，两种含义

语义双关是利用一个字的两种含义，制造特定语境，从而形成双关。

比如，克明面业的产品文案：

一面之交，终生难忘。

这里的"面"，既是指产品——面条，也指人与人的会面。

再如，New Balance 的宣传文案：

跑下去，天自己会亮。

这里的"跑"既指体育运动，也指人生路途的长跑。

又如，联想集团的宣传文案：

人类失去联想，世界将会怎样？

借助公司的品牌名称，引申到人类思维上的联想，无形中增加了自身的重要性。

与此类似的还有平安保险的宣传文案：

买保险就是买平安。

"平安"既是字面之意,也是品牌名。

南山人寿的文案:

好险,有南山。

这里的"险",既是指惊险,也是指保险。

由此可见,写好文案就是要善用语言,让语言效果更出色。将修辞手法活学活用,再辅以个人独到的思考,相信好文案自然会水到渠成。

〈经典案例解析〉

杜蕾斯:感谢你!把海报玩出新花样

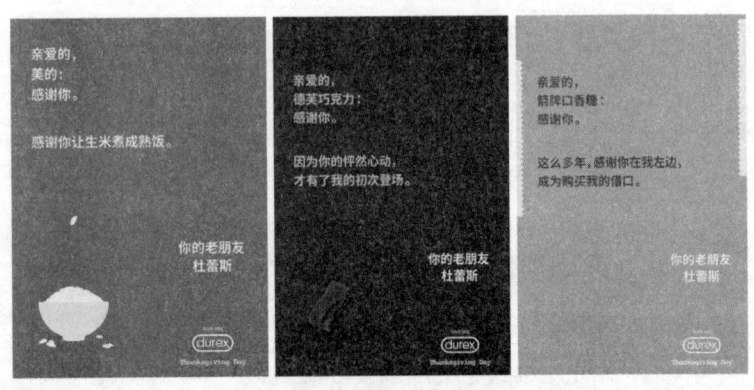

图5-6 杜蕾斯感恩节系列海报

2017年11月23日是感恩节,本来中国人对这个节日并不是非常熟悉,但是杜蕾斯偏偏借着感恩节的名义,玩了一把感谢友商的宣传活动。杜蕾斯在海报中发挥了自己一贯的暧昧,写出了众多一语双关的广告文案,在网上引起了一阵热论。

值得一提的是,杜蕾斯的这次活动,不仅给自己打了广告,还给众多品牌送了一波助攻,而这些被点名的品牌也用同样的方式纷纷做出回应,将双关式文案发挥到了极致。

> **文案大师语录**
>
> 无论我们多想把广告变为科学——因为那样生活会变得简单些,可事实上,广告永远不可能成为科学。广告是一种艺术,它是微妙的,持续变化着的,它反对公式化,像花朵那样,因创新而盛开,因模仿而枯萎凋零。正因为如此,今天有效的创意放在明天就不会再吸引人了,因为巨大的原创影响力已经失去了效果。
>
> ● 广告文学派的代表,DDB广告公司的创始人　威廉·伯恩巴克

通感法：使抽象的产品特性具象化

通感就是把不同感官的感觉沟通起来，借联想引起感觉转移，"以感觉写感觉"。例如以温度形容颜色，以色彩形容声音。通感是一种极具表现力的修辞手法，也是一种极具创造性的思维方法。

用通感词提升文案的感染力

写文案的重点是突出品牌价值，因为品牌价值的高低往往导致购买产品的煽动性出现巨大的差异。

比如，同样是给一家炸鸡店写文案，没有接受过写作训练的普通人写出来的文案可能是：

真好吃的炸鸡啊，童叟无欺。

而普通的文案人写出来的文案可能是：

酥脆爽口，回味无穷。

利用通感手法，我们也可以写出这样的文案：

来自星星的感动。

这个文案一方面使用通感的手法，把炸鸡的香味、色泽、口感等转变为食用者内心的感动；另一方面也是蹭了一把当时热播电视剧《来自星星的你》的热度。

将这样一种修辞手法用在文案写作中，往往能够明显地提升文案的传播效果，给人们带来一种新奇的体验。

我们在生活中经常能够见到类似的写作手法，比如德芙巧克力的宣传文案——"此刻尽丝滑"，"丝滑"能让人想到"温软、甜腻"；而汽车的文案通常使所说的用"坚强""坚硬"等字眼，这与钢铁给人带来的感受相同。

虚实转换，灵活运用通感写法

从人们认识客观事物的规律看，我们可以将文案写作中的元素分为虚实两大类。虚即是看不见、摸不着的东西，而实是我们能够实实在在地接触到的东西。通过对虚实进行转换，我们可以灵活运用通感的修辞手法。

实能够给人一种直观的感受，比如石头、钢铁、红色、重量等，这些东西都是可以量化的。化实为虚，可以营造出一种美妙的意境，赋予品牌全新的形象。

比如，一款威士忌酒广告文案：

像交响乐般层次丰富。

一款香水的广告文案：

香甜浓密，无限浪漫。

一家房地产楼盘的广告文案：

心情盛开的地方。

化虚为实，可以使抽象的事物具体化，进而帮助人们更好地理解企业的理念。正如"我们的征途是星辰和大海"，文案中所说的并非是星辰和大海，实际上是伟大的理想。

比如，描述一款酒的口感的文案：

质地通透，如白云般绵柔。

强生婴儿爽身粉的文案则是:

柔软的芳香气息。

〈经典案例解析〉

兄弟大饭店:故乡的口味

我们的心,永远记得故乡的口味,
一如我们的脸,
总是重复读着故乡的书信。

我们的眼,永远辨得出故乡的口味,
一如我们的脸,
总在梦里,对着故乡的情人。

我们的嘴,永远熟悉故乡的口味,
一如我们的心,
总像流云,朝着故乡的方向。

我们的舌,永远恋着故乡的口味,
一如我们的心,

总在夜里，缅怀故乡的亲友。

四个月、四年或四十年，转瞬消逝了，
或许，故乡的人、事、物，已不复往昔，
但是，熟悉的乡味与乡思，
依然扣人齿颊，怀念不已。

  这是中国台湾的兄弟大饭店的一篇广告文案，其中运用了大量比喻和通感的修辞手法，用味觉、触觉、听觉描写人们浓浓的思乡情绪，极具冲击力，给消费者留下了深刻的印象，因而大获成功。

文案大师语录

  人类的基本动机从未真正改变，这就是为什么莎士比亚至今地位崇高。影响人类历史的因素基本可归结为爱、性、贪婪、饥饿、不安全感。你若想写出优秀的广告，一旦完成了所有那些繁复的事，就一定要回归本原。

● 知名广告人　约翰·斯丁雷

第六章

有趣的故事让文案更吸睛

在这个广告乱入的年代,随手打开网页都能看到广告,难免让人产生审美疲劳。怎样才可以写出具有差异性的文案呢?其实,很多优秀的文案都是通过故事的形式展现在消费者面前的。一篇好的故事型文案,能够让消费者感同身受,从而拉近品牌与受众的距离。

故事为文案增添色彩

单纯地讲事实、摆数据,可能永远不会有人相信你,没有人喜欢看无趣的文案。在这个信息爆炸的社会里,人们每天都能接收到无数条信息,其中还包括无数条广告信息。如果你的文案仍旧像白开水一样寡淡无味,就很难引起人们的注意,更别说提升转化率了。故事型文案就是这样一种能够吸引人们注意力的文案写作方式。

"产品介绍"是最无趣的文案

从业至今,我遇到过很多质疑,也听过很多不解。有的人会问我:"文案到底是干什么的?""为什么有的文案工作者能拿那么高的工资?""为什么文案人的工资悬殊那么大?"

面对这些问题,我不能直接回答"文案就是做文字工作的",否则他们会幻想出一幕"我天天坐在办公室里,跷着二郎腿,喝着茶,聊着天,快下班时敲几个字,就把工资给拿了"的场景来。因此我不得不从宏观的角度去解读：文案是为公司制定创意的人，一件产品卖得火不火，全看文案的功力深不深。

虽然文案是为产品和品牌服务的，但是文案毕竟不同于一般的产品介绍。相比于包装箱内附赠的说明书，文案承载了更多的东西，它要告诉人们的不仅仅是产品的名称，更多的是传达品牌的特质。文案必须变得有趣，只有有趣的文案，才能让人乐意购买，从而有效提升产品销量。

我们希望读者能够主动转发，形成病毒式营销。在这方面，故事型文案有着得天独厚的优势，因为人们喜欢听故事，也乐于向别人讲故事。

用故事为消费者营造购买环境

2017年，网易云音乐在线下开展营销活动，他们制作文案的方法很简单：在歌曲的评论中选择点赞数最高的5000条优质乐评，用它们印满杭州市地铁1号线车厢和整个江陵路地铁站。比如：

你那么孤独，却说一个人真好。

哭着吃过饭的人，是能够走下去的。

多少人以朋友的名义默默地爱着。

一句短短的评论,仿佛就是一幕戏,其中包含了故事的几个要素:时间、地点、人物和故事的起因、经过、结果。在阅读的过程中,读者接收到了这些信息,主动想象了一出出感人至深的场景,因此这些短评才能引起人们的共鸣。

总结而言,故事型文案的作用,就是为消费者营造出一种独特的氛围,使得消费者产生购买的需求。

◆ 经典案例解析 ◆

长城葡萄酒:三毫米的旅程,一颗好葡萄要走十年

图6-1 长城葡萄酒广告

三毫米,

瓶壁外面到里面的距离,

一颗葡萄到一瓶好酒之间的距离。

不是每颗葡萄,

都有资格踏上这三毫米的旅程。

它必是葡萄园中的贵族;

占据区区几平方公里的沙砾土地;

坡地的方位像为它精心计量过,

刚好能迎上远道而来的季风。

它小时候,没遇到一场霜冻和冷雨;

旺盛的青春期,碰上十几年最好的太阳;

临近成熟,没有雨水冲淡它酝酿已久的糖分;

甚至连山雀也从未打它的主意。

摘了三十五年葡萄的老工人,

耐心地等到糖分和酸度完全平衡的一刻才把它摘下;

酒庄里最德高望重的酿酒师,

每个环节都要亲手控制,小心翼翼。

而现在,一切光环都被隔绝在外。

黑暗、潮湿的地窖里,

葡萄要完成最后三毫米的推进。

天堂并非遥不可及,再走

十年而已。

这是长城葡萄酒的经典文案，被许多人奉为至宝，认为这是华文世界难得的精品文案。这篇文案没有夸张的形容词，也没有晦涩难懂的专业术语，甚至没有刻意维持品牌高大上的形象，只是讲了一个很小的故事：一颗葡萄的顺利生长，经过榨汁、去梗、发酵、酝酿，用了十年时间，才走了"三毫米"——从酒瓶外到酒瓶内。

> **文案大师语录**
>
> 许多平面及电视广告，看起来就像委员会开会的会议记录，事实也是如此。最具销售力的广告，往往是由个人独立完成的作品。这个人必先深入研究产品，调查资料及其他案例，然后关紧办公室大门，埋头做广告。
>
> ——"广告教父"、奥美广告公司创始人　大卫·奥格威

故事型文案的三大优点

人们喜欢听故事，引起读者共鸣的一个好办法就是叙述一个动人的故事。故事中包含着产品的特性、使用方法、使用场景、购买理由等。可以说，故事型文案实际上就是商家向消费者展示的一次产品使用彩排。和普通的文案相比，故事型文案有三大优点：第一，勾起读者的好奇心；第二，让读者产生认同感和共鸣；第三，给产品或品牌带来溢价效应。

勾起读者的好奇心

试想一下，在如今这样一个信息爆炸的时代，还有多少人愿意费时费脑地看广告呢？绝大多数人都是用一种非常悠闲的心态在看广告、读文案。如果一篇文案让读者感觉很难读懂，他不会深入研究其中的精妙之处，而是会唠叨一句"写的什么呀"，然后关掉网页。

因此，写作文案必须考虑读者的接受能力，尽量减少理解的难度,正如利郎男装的广告语"简约而不简单"。故事型文案就有这样的魔力,人们对故事有着天然的喜好,一篇优秀的故事型文案,能够让读者情不自禁地读下去,跟着作者的引导和暗示一步步进入彀中。

让读者产生认同感和共鸣

人们之所以喜欢读故事,其中一个很重要的原因是阅读时容易让人产生代入感。一些品牌文案抓住了上班族的焦虑,打造出了"丧文化"风格的文案,结果大获成功。比如:

努力活在四处碰壁的世界,直到在次元壁碰到自己。

你未必出类拔萃,但肯定与众不同。

毕竟生活不止诗和远方,还有眼前的保温杯。

在现在的微博、朋友圈中,存在鸡汤和毒鸡汤两股力量,它们是社交媒体的两大流量担当,因为它们触碰到了读者的内心,戳中了大众的痛点、泪点,或者争议点,让人在不知不觉中发泄了自己的情绪。故事型文案同样有这样的功能,它可以让读者产生共鸣,产生代入感。

给产品或品牌带来溢价效应

如今,人们在购物时不仅会考虑性比价,还会考虑品牌的附加价值。于是,文案所赋予产品的升级体验就成了创造刷屏爆款的强势助攻。

如果只看产品的成本,我们会发现市面上的同类产品其实差别不大,但是在制定产品战略时,公司会根据多重因素,故意拉大价格上的差异,以刺激消费者的购买欲望。比如,蚂蚁金服给人的印象一向是冷冰冰的金融工具,但是通过把一组普通人的故事做成海报,其产品便拥有了温暖人心的力量。

《经典案例解析》———————————————

啥是佩奇?

2019年1月17号播出的故事短片《啥是佩奇》,讲述了一个小故事:一位农村老大爷,因为自己的孙子想要"佩奇",四处寻找"佩奇"的故事。

在此之前,佩奇只是一个深受孩子们喜爱的卡通动物角色而已,大人们并未对它拥有太多的感情,但是这部短片从一个农村老大爷的视角,讲述了佩奇对大人们的意义:啥是佩奇?佩奇就是子女或孙子(女)喜欢的东西。佩奇不只是小猪,同时也是亲情,是连接代与代之间情感的一座桥梁。

> **文案大师语录**
>
> 我有个朋友是英国皇室的御用外科医生。有一天,我问他如何成为一个优秀的外科医师。他回答:"做外科医师的秘诀在于其知识渊博的程度。优秀的外科医师懂得比其他人多。在手术的过程中,当他发现超乎自己预期的问题时,他可以辨识出症结所在,并懂得如何处理。"广告人也是一样,懂得愈多的人愈优秀。如何知道得更多呢?阅读更多有关广告的书籍,从那些懂得比你多的人身上学习。
>
> ● "广告教父",奥美广告公司创始人　大卫·奥格威

逻辑清晰，保证了故事的生命力

坏文案讲道理，好文案讲故事。而要讲好一个故事，让故事在文案中发挥作用，就要把握一定的技巧，才能使文案写作的重心不偏离品牌的形象。但讲故事并非是文案写作的目的，而是实现文案效果的工具。撰写故事型文案时，必须注意前后文的逻辑顺序，保证条理清晰，逻辑顺畅，这样才有说服力。

逻辑不清是故事文案的致命伤

文案需要有传播价值，而一个精彩的故事能够显著提升文案的传播效率，于是，故事型文案逐渐成为文案界的流行趋势。产品营销需要故事，品牌传播也需要故事，就连上电视节目唱歌都要先讲个故事："我来自×××，我的经历很坎坷。"

故事的核心要素是逻辑，也就是"消费者"为什么要买这件产品？理由是否充足？文案的前半部分和后半部分有没有联系？很多文案容易犯逻辑上的错误，如洋洋洒洒地写了一堆理由，却忘记花点笔墨总结几条结论；或是写了一堆"你必须购买××的×大理由"，却给不出足够有力、足够强化关联的支撑。这样的文案，即便找准了消费者的痛点，也不能成为高转化率的文案。

逻辑不清的文案，不可能成为"走心"的文案，只可能成为"自嗨"的文案。文案写作不能只盯着结果，也不应追求标新立异的所谓"爆款"，而应该将目光集中在逻辑这样的底层架构，练好基本功。

理清文案逻辑的三个要点

上学时，我们学过记叙文的六大要素：时间、地点、人物、事情的起因、经过、结果。但是在文案写作中，其实这些要素并不会同时出现。因此，我们不妨对这些要素进行压缩，重新归纳成三个要点：结论、理由、推理过程。

许多人在写文案时，都会被上司批评："从你的文案中，我看不到购买的理由。"原因就在于文案的逻辑出了问题，可能是缺少结论作为点睛之笔，也可能是缺少理由，或者是推理过程出了问题。

很多文案喜欢将结论放在开篇，开门见山地提出产品或品牌名，然后将思路逐步往下展开，以便于用户理解。这是因为很多人并不缺乏收集整理信息的能力，却欠缺提炼归纳的能力。但是站在用户的角度看,他们需要听到一个较为简单明晰的结论。将重要的结论放在开篇,能够防止用户在接受信息的过程中产生急躁感,从而中途放弃。还有些文案,看上去似乎与品牌毫无关联,但是它们讲述的故事仍然具有清晰的逻辑。

理清了故事的逻辑,文案才能被人们理解,也才能深入人心,成为一篇好文案。

《经典案例解析》

阿迪达斯:讲述"我的故事"

图6-2 身穿阿迪达斯的贝克汉姆

你将经历一些艰难的日子,但是所有这些终将过去。

我是大卫·贝克汉姆，这是我的故事：

回想1998年，

我真希望一切都没发生过，

当时我的表现简直像个孩子，

后来我哭了足足10分钟。

那时不断有人恐吓我，

整整三年半我没有一点安全感。

这打击太大了，我几乎想要放弃。

后来我在对希腊的比赛中进了球，

所有的记者都起立为我鼓掌，

能让这些苛刻的评论家为我喝彩，

对我来说，这一刻非同寻常。

艰难的时候总会过去，

只要你能坚持下来！

这是阿迪达斯制作的系列广告"我的故事"中的其中一篇文案，故事的主角是大卫·贝克汉姆。整个故事的逻辑非常清楚，开篇"我是大卫·贝克汉姆，这是我的故事"，是自我介绍；"回想1998年"，是时间；从"我的表现简直像个孩子"，到"我在对希腊的比赛中进了球"，是贝克汉姆由失败到成功的历程；而从"不断有人恐吓我"，到"鼓掌""喝彩"，则是人们对贝克汉姆的评价和看法的转变。贝克汉姆用第一人称的口吻,讲述了自己刚刚出道时的故事,原来普通人身上遭遇的挫折,贝克汉姆也曾遭遇过。

> **文案大师语录**
>
> 传统的思维方式是"因为……所以"的因果关系,而广告创意的思维方式却往往是"应该……但是"的逆向思维。所谓"条条大路通罗马",怎样走都不是唯一的办法,只有如此,才有源源不断、绵绵不绝的新创意。
>
> ● **著名营销策划师,中央电视台广告策略顾问　叶茂中**

好故事的黄金法则：让读者读到自己

好故事都有一个黄金法则，那就是让消费者有代入感，产生身临其境的感受，如此一来，才能拉近消费者与品牌的距离。遵循这条黄金法则，故事才会更加闪亮耀眼。在本节里，我们将着重探讨写作故事型文案的黄金法则，看看它究竟是如何作用于读者的，并且归纳了运用黄金法则的方法。

好故事让读者感同身受

广告学直到20世纪初才开始出现，在当时是一门边缘学科。在广告学的发展过程中，陆续出现了一些广告大师，然而在广告的发展方向上，这些人有着不同的看法。其中克劳德·霍普金斯、大卫·奥格威等人提倡科学派，而威廉·波恩巴克、乔治·路易斯等人提倡艺术派。虽然他们之间曾经争论不休，但是在一件事上，他们的看法是一致的：强调用故事写作文案。

他们之所以在这件事上达成一致，是因为故事具有很强的代入感，能充分调动起读者的情绪。

安东尼·德·圣·埃克苏佩里在他的著作《小王子》中说："如果你想造一艘船，不要抓一批人来搜集材料，不要指挥他们做这个做那个，你只要教他们如何渴望大海就够了。"

如果，你想围绕一个产品写一篇文案，以激起人们对这件产品的渴望，最聪明的方法，就是给他们讲一个关于这件产品的故事。

比如，许舜英曾经为STELLA LUNA女鞋写过一组文案：

多国医疗研究指出，雄性动物看见穿着STELLA LUNA的女人平均心跳高达130次。

科学家发现，一双STELLA LUNA所吸引的眼球数量可绕地球20圈。

这样写作的目的只有一个，就是让女性能将自己代入其中，在想象中享受被男性追捧的成就感，至于文案背后的科学性，女性其实并不会在意。

再如，那句经典的钻石文案：

钻石恒久远，一颗永流传。

有谁会在意钻石是否真的能够永远保存下去呢？

围绕品牌塑造故事的内核

故事型文案的本质仍然是一种传播方式,因此要想让读者感同身受,首先得明确目标受众,看看他们有什么特点。只有贴近目标消费者,才能用他们能够理解和接受的方式去讲故事。当明确目标受众之后,文案作者就可以通过故事塑造自己的风格,走差异化路线了。

故事型文案可以有多种特征,可能是讲创业、讲梦想的,也可能是讲爱情、讲文艺的,但是归根结底,文案中的故事必须依据一个内核去展开,这个内核就是:紧紧围绕品牌,契合消费者需求。

比如,你的产品是烤鸭,写出来的文案必须考虑到两个要素:一是顾客的感受,如与亲人一起吃烤鸭时的心情等;二是围绕烤鸭做文章,包括烤鸭的口感、味道、价格,又或者是鸭子的培育过程、烤鸭人的传奇故事等。

再如,褚橙就是一个极其擅长卖故事的品牌,它围绕创始人褚时健年过古稀二次创业的传奇经历,向人们传播了褚橙的精神:

人生总有起落,精神终可传承。

很多人就是被这个故事打动后,才选择购买褚橙的产品。

经典案例解析

豆瓣：我们的精神角落

图6-3 豆瓣长文案海报

除了一个小秘密，

我只是一个极其平凡的人。

我张开双臂拥抱世界，

世界也拥抱我。

我经历的，

或未经历的，

都是我想表达的。

第六章 有趣的故事让文案更吸睛

我自由,渴望交流。

懂得与人相处,

但不强求共鸣。

我勇敢,热爱和平,

总奋不顾身地怀疑,

怀疑……我在哪里,该去哪里。

童年,或许还有过些……

可和你一样,

小时候的事,只有大人才记得。

我健康,偶尔脆弱,

但从不缺少照顾。

也尝过,

爱情的滋味,真正的爱情。

如果不联络,

朋友们并不知道我在哪里。

但他们明白,

除了这个小秘密,

我只是,

一个极其平凡的人。

我有时，

会张开双臂拥抱世界；

有时，

我只想一个人。

我们的精神角落，

豆瓣。

严格来说，这篇文案很不像故事型文案，它的逻辑也不明晰，但它体现出了故事型文案的精髓——让读者从文案中读到自己。正如豆瓣官方所说："最美好的愿景，就是容载每个人所有的精神需求，不只在这里找到自己，也从这个角落出发，和其他人的精神互通联系，与懂你的人联结彼此温实的存在。"

> **文案大师语录**
>
> 现代最具煽动性的口号之一：免于匮乏的自由（文案：罗斯福）。好的口号常带有普世价值或能满足绝大多数人的需求：人人都想免于匮乏。然而，世界永远是匮乏的；人的需要，永远没有止境。
>
> 北京奥美首席文案总监　林桂枝

第六章　有趣的故事让文案更吸睛

借助神转折，写出幽默感十足的故事

很多时候，我们围绕着一个主题苦思冥想，沉浸在传统的思维模式中，却很难想出合适的文案。此时我们多么渴望能想出一个神转折的创意，因为一个神转折的创意，可以使平凡的文案趣味十足。

在熟悉的情景下写出神转折的创意

神转折指叙述某一个话题的时候，突然转到另一个看起来毫不相干的话题上，结果却产生了出人意料的效果。

比如，哈尔滨啤酒的一款文案：

> 三杯哈啤就醉了！没关系，你又没有车，可以开！

哈尔滨啤酒跳出常规套路，告诉人们：没开车的话，就多喝点吧。

再如，当网友都在热衷转发锦鲤的时候，却有人写出了这样的段子：

> 少壮不努力，长大没完没了地转发锦鲤。

从这两个例子中，可以看出神转折的文案应当具备两个条件：第一，熟悉的内容，熟悉的事件，大众习以为常的生活场景；第二，突破常规，结果出人意料。

神转折带来的幽默效果

麦当劳曾经制作过一则短片，短片的背景是一条乡间的道路，道路一旁竖立着两块指示牌，其中一块的高度与成人身高相近，上面印着麦当劳的图案，写着"前方'5km'"；而另一块则高达数米，上面密密麻麻地写着十几条左拐、右拐的道路方案，在指示牌的最高处印着汉堡王的标志，并且写着"前方'258km'"。麦当劳用这种巨大的反差，嘲讽了汉堡王一把：我们的店铺随处可见，你做得到吗？

汉堡王迅速做出了反击，他们在麦当劳这则广告的基础上，又拍摄了续集：司机按照指示牌的方向，找到了麦当劳，点了一杯咖啡，服务员问他："大杯，小杯？"司机看了一眼坐在副驾驶位置的妻子，接着对服务员说："大杯，我们还有很长的路要走。"接着视频中出现了两行字："感谢遍地开花的麦当劳，我们还要开上253km。"

《经典案例解析》

百雀羚：短短3分钟，6段神转折

装在心里，不如妆在脸上。

装一时，只是侥幸过关。

妆一时，却是实力闯关。

真心，是最好的化妆品。

脸要妆，心别妆。

化妆，是为了更好的自己。

这则短片是百雀羚为一款口红拍摄的广告，以"迷你剧"的形式展开，根据故事的发展，在关键剧情处展示对应的文案。在短短3分钟内，百雀羚使用了6句文案，展现了6次神转折。

文案大师语录

在很多我的广告、邮购型录、直邮和专题广告片中，我会传达全部的知识，不仅有我所销售的东西，还有其他产品的所有信息。我传达了在拿起这种我选择的产品时的思考过程，还有为什么这种产品要比其他同价位的产品更好的原因。

—— 美国畅销书作家，文案写作大师　约瑟夫·休格曼

第七章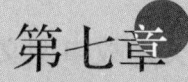

用戏剧冲突提升文案的可读性

陈词滥调是文案写作的大忌,没有人喜欢阅读毫无趣味的文案。如果没有新鲜、有趣的内容,即便文案修饰得再好,也不过是一种文字游戏罢了,不可能受到消费者的喜爱。戏剧冲突是故事的灵魂所在,文案工作者应当学会构建戏剧冲突,方能让文案产生戏剧化的效果。

戏剧冲突是故事型文案的灵魂

戏剧冲突是戏剧性的三个要素之一（另外两个是事件和动作），它是一种表现人与人之间的矛盾关系和人的内心矛盾的特殊艺术形式。有一种说法叫"没有冲突就没有戏剧"，我们同样可以将这句话引申到文案写作中，即没有戏剧冲突，就写不出打动人心的文案。

无处不在的戏剧冲突

说到写作技法，不能不提到戏剧冲突。我们认为一件事具有"戏剧化的效果"，通常是说这件事的戏剧冲突十分巧妙，让人感觉意想不到。

文案写作同样可以借助戏剧冲突，因为文案的可读性来自故事性，而故事性来自戏剧冲突。

法国戏剧理论家布伦退尔认为，戏剧冲突的内容是意志冲突，即人的意志与神秘力量和自然力量之间的冲突。根据这个观点，我们可以发现，戏剧冲突在人类社会中广泛存在，甚至可以说"有人的地方，就有冲突"。

人是一种社会性动物，我们在生活中难免会遇到各种各样的冲突，如美食和健康的冲突，爱情和家庭的冲突，男人和女人的冲突……总结起来，就是理想和现实的冲突。有了冲突，才会产生需求。广告营销的目的，就是洞察消费者心中的冲突，并且做出与之相对应的宣传。

冲突来源于对规则和秩序的反抗

人类社会需要规则和秩序，因为没人希望社会大乱，所有人都希望生活越来越好。文案人要做的就是打破这种印刻在骨子里的对规则和秩序的绝对服从，通过强烈的反差和对比，产生显著的戏剧效果。

在文案中使用戏剧冲突，可以给人的视觉或内心造成巨大的冲击，就如同乔布斯对约翰·斯卡利说的那句话："你想继续卖一辈子糖水，还是跟我一起改变世界？"

又如，锤子科技的广告文案：

漂亮得不像实力派。

该品牌的手机性能如何暂且不说，至少上述的文案是句好文案。作者巧妙地利用了一个传统观点，即：好看和实力之间的冲突。中国古代有很多与此有关的句子，比如"银样镴枪头""金玉其外，败絮其中""仗义每多屠狗辈，负心多是读书人"等，说的都是外观和内在之间的冲突。作者把这个冲突再次拿出来，在原有的冲突上，进行再加工，形成了对传统观念的反驳：既是实力派，颜值也很高。

再如，前文中提到的文案：

3毫米的旅程，一颗好葡萄要走十年。

看到文案的前半部分，我们会觉得3毫米只是一个很短的距离，但是看到后半句，才明白对葡萄酒而言，这是一段无比艰难的旅程。

同样是利用戏剧冲突，类似的文案还有：

5秒钟旅程，世界首部电梯奥的斯走了150余年……

◆ 经典案例解析 ◆

凯迪拉克：《出人头地的代价》

1915年1月2日，凯迪拉克汽车在美国《星期六晚间邮报》上刊登了一篇广告文案，标题是 *The Penalty of Leadership*，翻译成中文就是《出人头地的代价》。

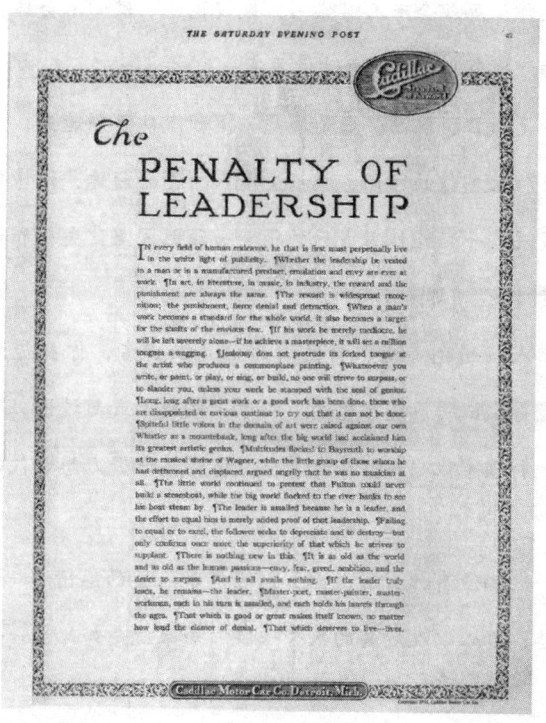

图7-1 凯迪拉克汽车广告文案

第七章 用戏剧冲突提升文案的可读性

在人类活动的每一个领域，得了第一的人必须长期生活在世人公正、无私的裁判之中。无论是一个人还是一种产品，当他被授予了先进称号后，赶超和妒忌便会接踵而至。

在艺术界、文学界、音乐界和工业界，酬劳与惩罚的程度总是一样的。报酬就是得到公认，而惩罚则是遭到反对和疯狂的诋毁。当一个人的工作得到世人的一致公认时，他也同时成了个别嫉妒者攻击的目标。假如他的工作很平庸，就没有什么人去理会他；假如他有了杰作，那就会有人喋喋不休地议论他。嫉妒不会伸出带叉的舌头去诽谤一个只有平庸之才的画家。

无论是写作、画画，还是演戏、唱歌或从事制造业，只要你的作品没有打上杰作的印记，就不会有人力图赶超你，诽谤你。在一项重大成果或一部佳作完成后的很长一段时间里，失望和嫉妒的人仍会继续叫喊："那是不可能的。"

杰出人物遭到非议，就是因为他是杰出者，你要是力图赶上他，只能再次证明他是出色的。由于未能赶上或超过他，有些人就设法贬低和损害他——但只能又一次证实其所努力想取代的事物的优越性。

这一切都没有什么新鲜，如同世界和人类的感情——嫉妒、恐惧、贪婪、野心以及赶超的欲望一样，历来就是如此，一切都徒劳无益。

在短文案盛行的今天，这篇文案就像凯迪拉克的轿车那样长。不过这篇文案写作的时间很早，那时凯迪拉克还没有做出加长款轿车呢！

文案中利用了一个冲突——出人头地和付出代价之间的矛盾。在我们的印象中，杰出人士的生活应该是无比精彩、十分顺利的，然而现实告诉我们，高处不胜寒，你受到的赞誉越多，你受到的诋毁也会越多。

文案大师语录

以前我爱说一句话：在人生的某一阶段，对生命负责的态度就是玩命。你对自己残酷一点，世界就会对你好一点；你对自己好一点，世界就会对你残酷一点。但我现在不这么说了，太多人因为过劳而猝死。现在我认为年轻人有创业的想法，那就去做吧，保护好自己的创造力、想象力！在创业时洞察市场机会，很多商机就是在出现冲突甚至制造冲突时显现的。

●**著名营销策划师，中央电视台广告策略顾问　叶茂中**

戏剧冲突的三种表现形式

戏剧冲突包含多种类型，可以通过多种形式表现出来，在写作文案之前，文案人应当对戏剧冲突的具体内容有所了解，才能制造出优秀的戏剧冲突，提高文案的可读性。

戏剧冲突来自人类的心理冲突，因此戏剧冲突的表现形式应当建立在心理冲突的基础上。从这一点来说，可以将文案中的冲突概括为以下三种。

人和人的冲突

武侠小说作家古龙说："有人的地方，就有江湖。"同样，有人的地方，就会有冲突。我们一直都想创造一个人人平等的社会，但很难实现，有些人拥有出众的天赋，有些人拥有完美的爱情，这些都是令人羡慕的。爱恨情仇总是非常容易被人理解，并由此引发思考。

比如，日本一家搜索引擎"goo"的广告文案：

大家好！我们是Yahoo的竞争对手goo!

看到"竞争对手"这样的词语，人们往往就会联想到商场上的明争暗斗、你争我夺，心里难免会感到紧张，goo就是靠此种心理成功地调动起了读者的情绪。

中国台湾奥美的著名广告文案：

我害怕阅读的人。

同样是在利用人与人之间的冲突，"我"害怕阅读的人，因为阅读使人更优秀。

人和社会的冲突

和社会相比，我们每个人的力量极其有限，犹如沧海一粟。在社会的大潮流面前，我们总会产生一股深深的无力感。

比如，宝马mini的广告文案：

不要告诉我你爬过的山，只有晚高峰。

表面上写的是高山,其实是在说晚高峰的人流。

某地产的文案:

别让这个城市留下了你的青春,却留不下你。

文案写出了当代青年真实的生活状态和心路历程。

奥迪A6的广告文案:

别人看到你的成就,我们看到你的奋斗。

和我们常说的"别人只在意你飞得高不高,没有人在乎你飞得累不累"有异曲同工之妙。

人和自然的冲突

对人类来说,自然界总是充满了神秘感,令人不自觉地充满遐想。在面对自然景色时,人们有征服自然的雄心壮志,也有与自然和谐相处的美好愿景。

比如,著名的动物保护宣言:

没有买卖,就没有杀害。

这条宣言讲的是人和动物的关系。

奔驰汽车的广告文案:

白领将车开向停车场,卡车司机把车开向夕阳。卡车司机脚下是整个世界。来,成为一分子。

文案讲述了不同职业的人开着不同的车,他们的面前是不同的景色。

掌生谷粒的品牌推广文案:

我们煮着热水,用一口简单的白瓷壶泡茶,一座台湾的高山流水就在我手执的杯中。

这则文案借着茶园的美好风光,衬托出产品的原生态特色。

◆经典案例解析

诚品书店:我们欢迎各种可能的阅读者

海明威阅读海,
发现生命是一条要花一辈子才会上钩的鱼。
凡·高阅读麦田,

发现艺术躲在太阳的背后乘凉。
弗洛伊德阅读梦,
发现一条直达潜意识的秘密通道。
罗丹阅读人体,
发现哥伦布没有发现的美丽海岸线。

加缪阅读卡夫卡,
发现真理已经被讲完一半。
在书与非书之间,
我们欢迎各种可能的阅读者。

  这是著名广告人、文案天后李欣频早年为中国台湾的诚品书店所写的一段文案。在这篇文案中,我们可以发现矛盾与冲突的大量运用,描绘了一组历史人物群像。"海明威阅读海",是人与自然的冲突,是征服自然的渴望和呐喊;"凡·高阅读麦田",是人与人的冲突,是凡·高与自己的内心所做的斗争;"加缪阅读卡夫卡",是人与社会的冲突,加缪用自己的笔触,热情而冷静地阐明了当代社会现象向人类良知提出的种种问题……
  这篇文案让书店有了新的定义,书店不再仅仅是买书的地方,也是开发可阅读的生活创意的地方。

文案大师语录

广告本身是市场营销里的一个环节，它必须具有目的性。其目的有改变受众对品牌或者产品的看法、建立新的品牌形象、强化已有的品牌形象，但最重要的一环还是驱动销售。所以，广告是一个非常讲求利益的行为，千万不要把广告看作是纯艺术。广告具有一定的艺术性，但广告作品绝不是艺术品。因为我们是在为客户服务，我们不是仅仅在创作自己心中的创意作品。

● 中国广告"四大教父"之一，马马也创意热店创始人　莫康孙

加入文案写作读者交流群

了解市场需求，提升文案水平

▶ 入群指南详见本书 末页

协调感性诉求与理性诉求的冲突

感性和理性是人的两种思维模式,针对这两种诉求的思维模式写出来的文案,风格会呈现出明显的不同。感性诉求文案会向顾客介绍企业或产品,以便使顾客对广告内容产生兴趣,进而使其产生购买欲望并采取购买行动;而理性诉求文案会摆论据、列数字,向顾客详细讲述产品的优劣点。

感性诉求文案提升产品吸引力

和理性诉求文案相比,感性诉求文案就显得非常含蓄了。感性诉求文案是通过感性的说服方式,直接诉诸消费者的情感或情绪,使消费者对广告产品产生好感,进而购买、使用。

感性诉求文案不会列出各种翔实的数据,也不需要列出数据,它传递的都是软信息,通过人情味和趣味性增加广告的吸引力。这种软信息在无形之中改变了消费者的思维,进而改变消费者对产品的态度。

比如,同样是水,农夫山泉的宣传文案就是从感性诉求入手:

农夫山泉,有点甜。

这是在向消费者描述矿泉水的口感,突出了自然、健康。后来,农夫山泉又出了一条文案:

我们不生产水,我们只是大自然的搬运工。

同样是利用感性诉求写出来的文案。

理性诉求文案增强产品说服力

理性诉求文案的重点是列出事实,用数据说话,通过数据的对比,使产品的优点一目了然。因此,理性诉求文案的说服力很强,它用无可辩驳的事实,给消费者提供了选择该产品的理由。

在广告营销中,很多产品都可以使用理性诉求文案的写作手法。比如,乐百氏纯净水的广告文案:

乐百氏,27层净化。

通过多重净化，给消费者一种值得信赖的感觉。其他厂家可能也有27层净化，但是乐百氏首先将它作为宣传点提了出来，其他厂家再想跟进，就会有抄袭的嫌疑了。

再如，金龙鱼食用油的产品文案：

1∶1∶1，平衡营养更健康。

这则文案也是通过数字，展现出产品的特色。读完这条文案，消费者或许不知道其中的含义，却会对"1∶1∶1"产生深刻的印象。

广告文案需要兼顾感性和理性

感性诉求和理性诉求代表了一对不同的思维模式，通常它们是不会同时出现的，但必要时也应当协调一下感性和理性。

正如一款手机，既想拥有高销量，又想拥有好口碑，就应当兼顾性能、外观和价格三个方面。如果手机的性能很差，全凭外观作卖点且价格还很贵的话，就难免会给人一种"收智商税"的感觉。相反，如果手机性能很好，外形和颜色却很丑，价格也很贵，也很难引起人们的购买欲望。

因此，最合理的做法是让产品兼顾性能、外观和价格。如果你的宣传重点是感性诉求，必要的时候也应当使用数据来安抚用户的理性诉求。也就是说,文案写作应当协调感性诉求和理性诉求,在拥有性价比的同时,也要有高颜值。

经典案例解析

小米:既要性价比,也要发烧友

比拼性价比是小米手机的重要战略。雷军曾说:"我们需要做出像苹果一样好的产品,然后用互联网的方式来销售,我们一定要做到什么程度呢?就是我们的手机,一个普通的中国老百姓能买得起……"从这句话中,我们可以发现性价比的两大特征。第一,产品好,好在哪里?高配置、高性能。第二,价格低,低到什么程度?一个普通的中国老百姓能买得起。

图7-2 雷军在小米手机发布会上

第七章 用戏剧冲突提升文案的可读性

如果只把眼光放在性价比上的话,小米也会有很多用户,但是很难吸引大批粉丝,因此小米必须在满足理性诉求的基础上,满足消费者的感性诉求。于是我们看到,以性价比作为王牌武器的小米手机,宣传文案却是一句地地道道的感性诉求文案:

小米,为发烧而生!

文案大师语录

乐趣是真正的报酬,而金钱则是副产品。为乐趣而做的事情,怨自何来?我喜欢文字,我从文字里找到活着的意义。读书让我攻克精神上的贫困;写东西让我重新组装了自己。

——北京奥美首席文案总监 林桂枝

触点——构建戏剧冲突的关键点

触点是市场营销中的内容，它主要表现为通过某些特殊的点触动消费者的内心，使得消费者对企业产生好感，进而促进订单数量增长。触点是戏剧冲突的关键点，是构建戏剧冲突的开始。那么，戏剧冲突的触点究竟在哪里、如何才能找到正确的触点，这是我们进行文案创作时应当了解的内容。

触点来自人们内心深处的渴望

人总是越缺少什么，就越渴望得到什么。因此，触点就是消费者的内心渴望与产品的交叉区域，产品一定要能够满足消费者的某种迫切需求，才可能成为爆款。文案人要做的就是，找出这个区域，然后用笔圈出来，展现在消费者眼前。

当消费者见到文案的那一瞬间，触点营销就已经开始了。生活中总有一件事物能够触动你的内心，它可能是纯美的爱情，可能是丰厚的工资，也可能是简简单单的一份美食、一顿饱餐。触点就是这样一种非常简单的东西，它会在内心深处提醒你："我很喜欢。"

能够成为触点的，通常是消费者暂时未能解决的问题。如果问题已经解决了，触点就失去了存在的意义。比如，当一个人饥肠辘辘、疲惫不堪的时候，香气四溢、明亮洁净的肯德基餐厅就能对他产生巨大的吸引力；但是当他酒足饭饱之后，可能会嫌弃肯德基的快餐是垃圾食品。

洞察客户需求，准确找出触点

文案人要做的就是洞察客户需求，从中找出对他们影响最大的因素，然后用文字的形式表现出来，这就是触点。

触点不是固定不变的，它有鲜明的时代特征，每个年代的人，都有属于自己的触点。过去，茅台凭借"国酒"的头衔成为紧俏货，而现在人们看重的不仅仅是产品了，还要看产品背后的企业文化，因此我们发现酒水公司的文案也开始变得异彩纷呈。

比如，泸州老窖的文案还在走经典和传统的路子，对应的是老一辈的酒桌文化；长城葡萄酒的文案非常文艺，对应的是西装革履的商务风；红星二锅头的文案颇具沧桑感，主打消费群体是在外打拼的中年人；江小白的文案则语气轻松、俏皮，对准了都市中的年轻人……

日本吉乃川酿造厂的海报《东京新潟物语》中有一句文案：

酒，两个人分着喝就会觉得更暖。

这样的表达营造出了一种"独乐乐，不如众乐乐"的场景，同时语言非常温情、含蓄，很具有日式风格。

〈经典案例解析〉

士力架：饿货，来条士力架吧！

随时随地横扫饥饿，补充能量，带给消费者无比充分的满足。

这是士力架的广告文案，士力架是一款休闲食品。我们平时见到的零食，卖点大多集中在美味、快乐、温暖等方面，但是士力架没有走这样的路子，而是突出了"能量"这个概念。

相比之下，士力架的另一条广告语更受欢迎：

饿货，来条士力架吧！

这条广告语同时具备三点信息：饿货、一条、士力架。也就是说,只需要一条士力架,就可以迅速补充能量。

事实证明,这一点的确成了打动消费者的触点。后来该品牌方借助几次营销活动,并且在各大卫视投放广告,很快大家就都知道士力架有横扫饥饿的能力了。

> **文案大师语录**
>
> 我使用的方法就是去讲故事,讲我如何发现这款太阳镜,以及我了解到的关于它们和太阳光线的所有事实。我用一种简单但有利的方式来做广告。
>
> 我也制造了大量的好奇心。除非你亲自去试戴它们,否则你无法体验这副太阳镜。因此你必须购买它们来满足你的好奇心。
>
> ——美国畅销书作家,文案写作大师 约瑟夫·休格曼

第八章

运用其他元素增添文案的颜值

文案不仅是文字工作,也是设计的重要组成部分,一条图、文、音、像俱全的广告,肯定比没有任何设计的文字文案更加美观,也更容易受到消费者的欢迎。我们不能强求消费者喜欢我们的作品,我们只能努力提升自己,来讨好消费者。那么,我们应该如何运用设计元素呢?

四大设计元素使文案颜值爆表

广告文案,通常会将多种设计元素组合起来,搭配成一幅完整的画面。合理使用各种设计元素,并且利用各个元素间的联系和秩序,可以提升整个页面的颜值,更容易受到人们的喜爱和欢迎。作为一名文案工作者,我们或许不需要负责排版、绘图、视频录制等后期工作,但是也要考虑视觉方面的因素,因为这些工作与我们息息相关。

用视觉元素给文案颜值加分

在广告学中,视觉元素是一个非常重要的概念,在那些功力深厚的设计师笔下,仅用少量的视觉元素往往就可以传递大量信息。视觉元素在广告中的运用,主要体现在广告画面中各种视觉元素的组合、排列等,通过确定各种视觉元素构成元素之间的联系和秩序,进而完成构建整个广告画面的视觉效果。

我们所说的视觉元素,主要包括图形、文字、色彩等内容,而这些内容又可以归纳为点、线、面等不同形式。

如果视觉元素用得好,就能为文案增添不少光彩。哪怕只是做出一些微小的改变,也会取得很不错的效果。

比如:

图8-1 网易云音乐海报文案

上面这则网易云音乐的户外广告内容非常简洁,只有一条乐评文案,明明是"丧"到极致的语言,当配上红色的底色时,竟然让人产生了一丝暖意。

文案最常用的四大设计元素

1. 版式

错落有致的排版方式，可以使文字呈现出点、线、面合理搭配的视觉效果。一般而言，文案的标题应该足够大，大到能够瞬间吸引人们的眼球。四个字以上的比较长的主文案，有两种排版方法：一是对其中最重要的信息进行重点标示，如加黑、放大、设置颜色等；二是把文案分成两行排列，每行文字控制在一定的范围内，像现代诗歌一样。

2. 色彩

不同的颜色可以给人带来不同的感受，因此经常被设计师用于广告。相对于其他几种设计元素，色彩对人的影响是悄无声息的，人们或许被颜色调动起情绪后，却还没意识到这一点。

3. 图片

图片比文字更加直观，因而能够吸引人们的注意力，能更加全面地说明产品。

4. 视频

视频可以全方位地展示产品的特点，因此说服力最强。但是视频也需要文字的配合与创意的加工。

〈经典案例解析〉

百乐：笔尖上的人生

图8-2　百乐公司推出的系列海报：友达篇

图8-3　百乐公司推出的系列海报：花嫁篇

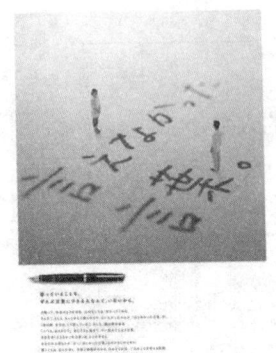

图8-4　百乐公司推出的系列海报：夫妇篇

案例中展示的是日本百乐笔有限公司在2010年推出的系列海报，可以看出画面的组合非常巧妙：主人公脚下踩着的不是地板，而是百乐笔写出的蓝色字迹，寓意着百乐笔能够记录生活的滋味和人生的轨迹。

> **文案大师语录**
>
> 　　一个伟大的创意就是一个好广告所要传达的东西。一个伟大的创意能改变大众文化；一个伟大的创意能转变我们的语言；一个伟大的创意能开创一个事业或挽救一个企业；一个伟大的创意能彻底改变世界。
>
> ● 美国广告首席创意指导　乔治·路易斯

版面设计提高文案的视觉度

版面设计是广告文案制作的重要环节,它决定了整幅广告能够产生的视觉效果。一名专业的设计师的版面设计能力直接影响其专业水平。很多文案人在写作的时候,只关注文字方面的工作,而比较少去思考设计背后的秘密,对版面设计一窍不通,广告的整体水平往往不及格,这是很不应该的。

视觉度决定了文案的视觉效果

版面设计涉及很多元素,不仅包括文字文案部分,还包括设计的主体、点缀以及背景等,这些都很重要。文案工作者通常只负责文字工作,对其他元素并不了解,这可能会限制我们的思维。如果能够对文案最终呈现出来的效果有所了解,并且观察文案和其他元素之间的关系,就可以帮助我们更好地思考。

版面设计中有一个很重要的概念,叫作版面视觉度,是指文字和图片（插图、照片）在版面中产生的视觉强弱度。设计师通过一定的方法，将图片、文字等元素有效地组合在一起，最终使版面呈现出某种特征，如简洁干净、生动活泼、庄重沉稳等，以符合读者的口味，使读者在阅读过程中从视觉上感受到设计作品希望表现或传达的主旨。

版面视觉度是由多种因素共同决定的，如图片的选择、文字的大小、颜色的使用等。如果一个广告版面设计的文案排列很优秀，却没有找到合适的配图，那么版面的风格会显得严肃、冷漠；如果只有图片，却没有精准的文案，版面的风格就会显得有点抽象，会削弱沟通力和亲和力。

构图平衡是版面设计的基本要求

在设计广告的时候，其中一个最基本的要求，就是保证画面的平衡感，无论是图片的构图，还是文字的分布，都要遵循一定的法则，方能让整个画面看上去更加和谐。也就是广告元素的分布不能太随意，它们之间最好能够有着视觉上的联系。

常见的平衡构图有三种：对称式构图、非对称式构图、满版式构图。

1. 对称式构图

对称式构图，能够达到一种静态的平衡，给人的感觉是稳定、沉静、有条理。这种构图方式在建筑领域十分常见，如中国的古建筑讲究左右对称，突出了庄严、肃穆的感觉。在对称式构图中，文字和图案被均匀地分布在页面的两侧，可以是上下对称，也可以是左右对称。

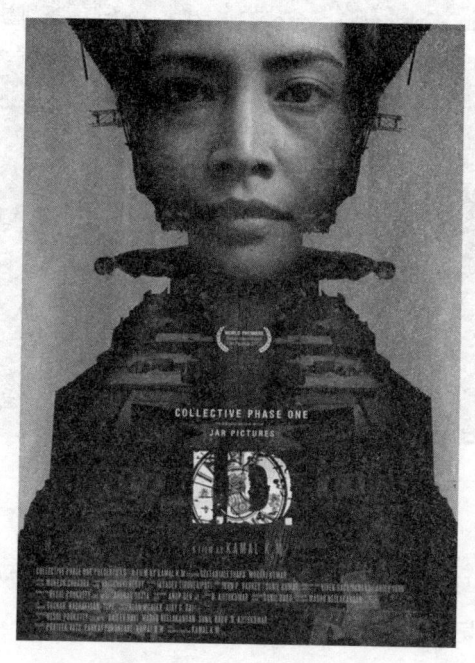

图8-5 《I.D.》电影海报

从图8-5中可以看到文案、人像以及背景中的房屋，呈现出左右对称的格局。

2. 非对称式构图

非对称式构图是动态的平衡，要在不对等的元素之间创设出秩序和平衡。这种构图方式非常灵活，有多种排列方法，如对角构图、S形构图、三角形构图、十字形构图、向心式构图等。

图8-6　BOSE耳机前端页面

图8-6中呈现出的弧线形的耳机线，犹如一条跃出水面的鲤鱼，将页面切割成"左上—右上"的非对称式构图。

3. 满版式构图

满版式构图，是指将广告元素充满整个版面，上、中、下各个区域都有元素分布，给人一种大方、情绪强烈的感觉。

图8-7 影片《最后的日子》海报

图8-7中的窗户的框架结构,就像黑色的线条,填补了画面的空白部分,从而构成了满版式构图。

第八章 运用其他元素增添文案的颜值

《经典案例解析》

温顿牌汽车广告

图8-8 温顿牌汽车广告

这张广告出现在1898年8月13日的《科学美国人》杂志中，在有据可查的广告中，这应该是世界上第一张汽车海报了。我们可以发现，这时的广告版式虽然很简单，文案也很直白，但是人们已经在有意识地进行版式设计了。整个广告版面呈现出非对称构图的样式，汽车的图片被放在了左侧，图片下方则是汽车的价格；文案的标题被放大以后置于顶部，意为"让马歇歇吧"，这是在描述汽车的功能；而汽车的品牌名称"Winton Motor"则放置在图片的右侧，也是放大的字体，十分醒目。

> **文案大师语录**
>
> 　　我逐渐体会到，没有好客户，就不会有好广告；没有好广告，就也留不住好客户。还有，没有任何一个客户，会买他自己都没兴趣，或是看不懂广告的产品。
>
> ●麦肯锡全球战略顾问，筑波大学研究所客座教授　高杉尚孝

精选图片,成倍提升文案说服力

要想将一件产品描述给消费者,最好的方法就是直接摆上产品的图片。和文字相比,图片显得更直观,更容易被人理解,也更美观。对很多产品的推广而言,图片起到的作用是文字无法替代的。一些美容产品公司会聘请美丽的女电影明星担任形象代言人,就是在利用她们从照片中散发出的独特气质吸引消费者。

大卫·奥格威选择照片的3B原则

大卫·奥格威是世界著名的广告大师,他曾经提出一条3B原则,即Beauty(美女)原则、Baby(孩童)原则、Beast(动物)原则。他认为,使用这三种图片,极易吸引人们的目光。爱美之心,人皆有之,男人都喜欢美女,女人则羡慕美女,美丽的容颜容易让人们产生愉悦的心情;孩子具有纯洁的心灵,容易让人们产生保护欲;动物则具有自然、野性的魅力,同样能吸引人们的眼球。

3B原则提出以后,很快得到了人们的一致赞同,成为国际传媒创意方法中十分流行的黄金法则,被用于很多行业的文案写作。

后来,随着时代的发展,广告文案的设计水平也在不断提升,人们在3B原则的基础上,又进行了更多的尝试,其中一些图片类型很受欢迎,比如,母亲和婴儿、多个儿童或婴儿的交流、情绪激昂的成年人、进球得分的体育场面、名人明星、散发着热气的食物等。

根据文案风格,灵活调整图版率

图版率,就是广告版面中的图片跟文字所占的面积比,用百分比来表示。如果一幅广告的整个页面上只有文字,没有任何图片,那么图版率就是0;如果全是图片,没有文字,图版率就是100%。

文字和图片给人带来的感受是不一样的。通常而言,文字给人一种沉稳、抽象的感觉,而图片则显得活泼、具象。从视觉冲击的角度来说,图片比文字更具优势,且图片的视觉度高于文字,因而提高图版率可以活跃版面,增强版面的视觉度,但完全没有文字的版面会显得空洞,反而会削弱版面的视觉度。

在面对一幅图版率为0的广告时,大部分观众都会感到无聊,他们很难集中精力长时间地盯着文字。这时只要在版面中加上一些图片,就能提高观众阅读时的愉悦度。当图版率达到50%时,亲和力急剧上升,相应地,版面视觉度也会提高。但是图版率也不能太高，图片必须搭配文字，当图版率超过90%时，反而会让人感觉版面空洞。综上所述，合理安排版面的图版率，可以有效地提高版面的视觉度。

◆经典案例解析◆

支付宝：世界那么大，你真的能随便去看看吗？

图8-9 支付宝招商基金海报

这是支付宝《年纪越大,越没有人会原谅你的穷》系列海报中的一幅,它采用的主题是几年前火爆全网的话题——"世界那么大,我想去看看",支付宝对其进行了少许改变,将原来渴望游历世界的斩钉截铁,转变为面对现实时的犹豫不决。文案选用的图片也与旅游相关,主人公站在沙发前,手提着公文包,远处的星空、白云、崇山峻岭似乎遥不可及,准确地营造出了一种无可奈何的情境。

> **文案大师语录**
>
> 消费大众并不真正知道自己要什么,直到那些创意以商品的方式呈现在他们的面前。如果他们能事先告诉你自己要什么,今天就不会有轮子、杠杆,甚或汽车、飞机和电视的出现了。
>
> ——李奥贝纳广告公司创始人,广告大师 李奥·贝纳

善于使用色彩的"语言"

你最喜欢什么颜色?是亮丽的红色、金色,还是典雅素朴的白色和灰色?心理学告诉我们,不同颜色能够给人不同的感觉,当我们看到一种色彩时,心理活动也会发生改变。在文案中妥善运用色彩,可以使读者按照我们希望的那样产生特定的情绪,进而有效提升文字的感染力。

广告文案中的色彩视觉

色彩是通过眼睛、大脑以及人们生活经验所产生的一种对光的视觉效应。每个人都有自己喜欢的色彩(黑、白、灰也是色彩的一部分),当人们看到他们钟情的色彩时,心中便会产生独特的情绪。

受到文化因素的影响,人们对色彩也会产生不同的心理感受,这一点在民俗活动中体现得尤为明显。比如,在中国人的传统文化中，大红色是喜庆的颜色；在很多欧洲国家的传统文化中，则把白色看作圣洁无瑕的颜色；如今，莫兰迪色受到很多人的追捧和喜爱，学习绘画的人也称之为高级灰。

因此，在文案写作中，应当学会利用色彩使文案变得丰富多彩。在利用色彩时，应当注意把握一致性。也就是说，你所选择的色彩，应当与文案描述给人留下的印象相符。比如，百雀羚在设计海报时，就很喜欢用绿色、青色等，给人一种清新自然的感觉，符合百雀羚传统药妆的定位。

不同色彩拥有不同的情绪语言

大自然是缤纷多彩的，我们生活在这个多彩的世界里，无法避免地会受到色彩的影响。看到不同的色彩时，我们的心里会产生不同的情绪。

黑色：是一种沉默、严肃的色彩，常让人产生悲哀、压抑的情绪。

白色：较为明快，同时又比较宁静，体现出纯洁的特质。

灰色：象征着温和、中庸、平凡，给人一种朴实、可靠的感觉。

红色：代表热情、活力、积极、奔放。

橙色：代表快乐、温馨、温暖、活泼。

黄色：比橙色更稳重一些，容易让人感到愉快和轻松。

绿色：象征着健康、生机，容易让人感到安静、沉着。

青色：是一种荒凉、唯美的色彩，给人一种慵懒的感觉。

蓝色：是忧郁的代表色，让人感到悲伤、深邃、沉静。

紫色：代表神秘、高贵，却很容易让人感到焦虑和躁动。

巧克力色：是一种永远不会过时的流行时尚色彩，是一种比较含蓄的颜色，朴素、庄重而不失优雅。

玫瑰红：是一种高贵、华丽的色彩，给人一种典雅、华丽的美感。

……

图8-10　影片《悲惨世界》的角色海报

图8-10是电影《悲惨世界》的角色海报,画面整体采用墨绿色、黑色,再加上人物皮肤的古铜色,渲染出悲壮、浓郁的风格。

总结起来,粉嫩轻柔的色调,使人感到温馨、柔润;明亮强烈的色调,使人感到欢快、华丽;灰暗浑浊的色调,则使人感到消沉、神秘。在写作文案时,应当注意色彩的种种特质,选择适合文案风格的色彩。

《经典案例解析》

云南白药牙膏的百变画风

云南白药的定位是传统中草药产品,云南白药牙膏也是云南白药集团根据传统中草药结合现代医学科技制作而成的。

在广告宣传方面,云南白药将京剧脸谱这一国粹元素纳入其中,推出了一组拥有京剧元素的牙膏包装盒,颜色方面则采用淡青色、淡绿色、粉红色等,看上去比较清新、淡雅,与牙膏给人留下的感觉相符。

文案大师语录

广告没有专业可言,只有成功可言。广告不能脱离营销而存在——从来没有一个客户找广告公司的目的是做专业的广告、高雅的广告,他们对广告的需要只有一个:"成功"地把产品卖出去。所以做广告必须从根本上帮助客户解决问题。

● 著名营销策划师,中央电视台广告策略顾问　叶茂中

用短视频拍出创意的火花

短视频是一种常见的广告形式，一则好的视频，加上优秀的文案，能够给人留下深刻的印象。视频广告的优点明显而突出，它非常接地气，能直观地体现出大众的使用场景，想顾客之所想，为顾客解决痛点，让顾客能够感受到特定场景下的乐趣，从而实现良好的转化率。所以为了拍摄短视频广告，文案人必须了解一些基本的影视语言。

风头正劲的短视频广告

和文字相比，视频更加具象和直观，观众可以通过影视画面了解产品，获得身临其境的感受。

视频广告已经存在很久了，从早期的直接推荐产品，到后来的意识流广告，它的形式也一直在变化。科技的进步使今天的中国进入了移动互联网时代，也进入了一个流量为王的时代，可以说，谁获得了流量就离成功不远了。在短视频平台风头正劲的背景下，视频广告也在悄然发生变化，广告公司也开始放下架子，寻求与视频达人进行合作，学习崭新的视频拍摄方法。

拍摄短视频广告是为了宣传品牌或产品，建立在给用户带来良好的观看体验和实用价值的基础上。所以在做选题的时候，要想好短视频能够为用户带来什么。最好选择互动性强的话题，让观众有参与感，比如，怎样用一条普通的牛仔裤演绎出潮牌的感觉，怎样把泡面做成豪华大餐等。

讲好故事是拍摄短视频的基本要点。和孩子一样，成年人也喜欢听故事，在短视频中融入故事，能提升视频的趣味性，更容易让用户与短视频创作者或是所属品牌建立情感联系。讲故事就像写作文一样需要基本的框架和要点。作文的开头要能吸引人的眼球，中间的叙事要清晰、有条理，最后的结尾来一个点睛之笔将故事升华，所以短视频讲故事也可以采用类似的方法。

拍摄短视频的四个步骤

当短视频团队成员已经就位后，这时我们该做什么呢？当然是准备拍摄短视频的工作了，通常而言，视频的拍摄可以分成四个步骤。

1. 确定视频和文案的主题

拍摄视频之前，一定要先想好主题，再根据主题来写文案和视频脚本。这一点非常重要，你必须让观众明白视频的主题到底是什么。

2. 写作视频文案

虽然视频是以图像的形式呈现的，但是文案对于视频很重要，可以说是视频广告的灵魂所在。我们平时看到的很多短视频，看起来很随意，其实是经过精心策划的，几乎里面的每一句台词、每一句文案都经过了反反复复的修改。

3. 拍摄视频

视频的拍摄工作可以根据具体的费用制定，有的视频拍摄成本很高，也有些花费很低。拍摄视频的门槛其实很低，很容易入手，但要做到非常专业，就需要一定时间的练习。

4. 视频剪辑

视频拍完之后，还需要经过精心的打磨，才能投放到平台上，这个工作就是视频剪辑。可以通过剪辑软件对视频进行后期的修整，再加上字幕，设置字幕的颜色、大小等。

◀ 经典案例解析 ▶

沃尔沃汽车：《爱丽丝的婚礼》

《爱丽丝的婚礼》是沃尔沃汽车公司推出的一支公益性质的视频广告片，广告的主题是爱与责任。视频时长11分钟，以一部微电影的形式展现出来，视频中的文案讲述了一个有关亲情的故事：张钧甯饰演的女主角从小生活得像是童话里的公主，每到给别人当花童的时候，父亲就会开着沃尔沃车送她去。多年以后，母亲去世，父亲确诊患了阿尔茨海默症，女主角穿上了自己的婚纱，而此时的父亲，只能给自己的女儿当花童了。身份的对换、车子的变更，都体现出一种情感的传递与维系。

视频播出以后广受好评，曾于2017年获得One Show中华创意奖的金铅笔奖以及4A创意奖金奖。

人们常说，现在的微电影已泛滥，爱与亲情的主题也老掉牙了，然而这支微电影证明了一个道理：不怕主题老，就怕技术高。

文案大师语录

文案应简洁、明白，尤其是商业文案，不能让读者去推敲意境，尽量不要增加阅读者的负担。清晰表达和模糊表达有各自的应用环境。商业文案大部分的信息都应该清晰表达；而模糊表达的目的是避免透露一些不希望透露的信息，或者为执行文案的过程中争取更多的灵活性。

——麦肯锡全球战略顾问，筑波大学研究所客座教授　高杉尚孝

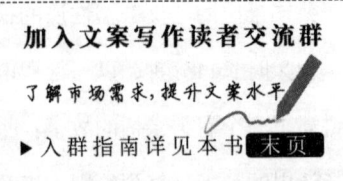

第九章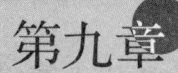

新媒体软文：移动互联网时代的文案写作

如今，新媒体犹如雨后春笋般涌现出来，它们对传统的信息传播模式造成了巨大的冲击，随之而来的则是文案的全新形式——软文。软文的类型也有很多，不同类型的软文具有不同的表达效果，写作要求也不同。要想写出优秀的软文，必须熟悉软文的写作原则、方法和误区，并且考虑企业的形象、产品的特点、受众人群的思维习惯等因素。

文案写作需搭上新媒体的快车

文案写作的本质是广告，文案人每天绞尽脑汁想出来的创意，都是为了提升产品的销售业绩。如果不能带来转化率，文案即便再精美，也不是一篇合格的文案。但是文案又与广告有着不同之处，我们在文案的写作过程中，需要根据传播媒介、阅读群体、产品定位的不同，选择恰当的写作方式。

文案是用艺术性的手法做营销

什么是好文案？这取决于我们如何去定义。

尽管广告界有无数的奖项，如Cannes Lions（戛纳国际创意节）、D&AD Awards（英国黄铅笔奖）、LIA（伦敦国际广告奖）、The One Show（金铅笔奖）等国际知名大奖，每年都会评选出许多优秀的广告，但是它无法改变广告文案创作的本质。

那么，那些优秀的文案大师到底是怎样做的呢？

图9-1 令无数广告人艳羡的金铅笔奖

我的总结是：用艺术性的手法做营销！

如果你对文案写作稍有了解，就会立刻明白一个道理：读者容易对文案产生审美疲劳。正如那个经典的段子：第一个这样做的人是天才，第二个这样做的人是蠢材！因此才会出现各种文案写作手法，如我们前面所说的比喻法、拟人法、双关法、戏剧冲突法等。这些都是为了从文艺的角度提高文案的可读性，带给读者新鲜的刺激感，对产品产生新的感情。

进入新媒体时代，文案也在悄然发生改变，它在努力迎合新时代消费者的口味。

新媒体文案有鲜明的时代特征

在电视时代，人们已经习惯了电视广告的存在，不过那时的民众总体教育水平不高，所以文案必须写得非常直白，明白无误地告诉消费者：这款产品很好，快买吧！

在新媒体时代，这样的做法显然是行不通的。我们会发现，很多人对新媒体上的广告零容忍,他们会觉得:我就是来消遣的,为什么还要用广告浪费我的时间?如果想看广告的话,我直接打开电视不就好了吗?为什么还要在新媒体上浏览网页呢?

新媒体时代的文案,已经不能再像传统的广告文案那样直白了,而是渐渐地朝着软文的方向发展。

另外,新媒体时代的文案和传统广告文案的营销方式也有着明显的区别。过去,商家只需要向报社、电视台等付一笔钱,就能发布一则广告,效果往往都很不错。但是在新媒体时代,文案营销有了更多的模式。只要你的文案足够优秀,或许只需要付出一小笔钱,就能吸引网民主动帮你传播,从而形成病毒式营销。

经典案例解析

酸奶评测:把酸奶文案写成评测报告

网上曾有一篇评测酸奶的文章——《酸奶评测 | 好吃到想舔盖的11款网红酸奶》,详细讲述了乐纯酸奶的11款酸奶产品,下面从中摘抄了几句:

闻着有酸奶香,刚入口很淡,突然一口浓郁的玫瑰味。
奶油一般的入口感,很稠很滑。
蜂蜜味很浓,甜味中和了酸度,入口甜、回味酸。
……

这些句子详细描述了酸奶的口感和风味,相比于直白的产品介绍,这种个人体验式的产品评测更容易被消费者接受。

在文章的末尾,作者还放置了扫码领券的二维码,以及相关酸奶的抽奖活动。

评测类文章存在于各行各业中,有的人评测数码产品,有的人评测美妆产品,也有的人评测网红食品……虽名为评测,客观上也有提升产品知名度的作用。因此很多商家利用评测做文章,请新媒体领域的专业人士撰写文案,向消费者推广产品。

文案大师语录

不管我们多希望把广告变成一门科学——因为我们都希望用更简单的方式生活——但是,事实上是不可能的。广告是一种微妙的、不断创新的艺术。它拒绝公式化;它会在创新中盛开,在模仿里枯萎;今天有效的广告,明天必然无效,因为它已经失去了原创时的最大撞击力。

● 广告文学派的代表,DDB广告公司的创始人　　威廉·伯恩巴克

绘制新媒体时代的用户画像

文案写作必须以消费者为核心,围绕产品的主题和概念进行创作。因此,在进行文案写作之前,我们需要对消费者进行深入的调查和研究。马克思主义政治经济学告诉我们,物质决定意识,生活方式的变化一定会影响人们的思维方式。中国改革开放的这几十年时间里,人们的生活水平得到了提升,随之而来的则是消费观念的变化,以及广告文案风格的改变和水平的提升。

什么是用户画像

用户画像,是根据用户的生活习惯、消费水平等信息制作的一个标签化模型。简单来说,就是给用户"贴标签"。

用户画像通常包括三个方面的信息:用户年龄、消费习惯、个人爱好。用户年龄决定了他的生活阅历,消费习惯反映了他的经济情况,个人爱好则在一定程度上反映了他的生活环境。

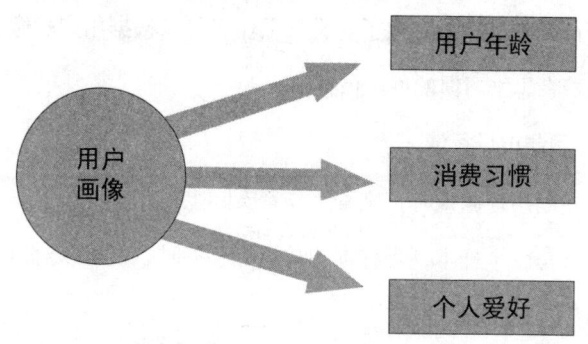

图9-2　用户画像由三部分组成

如今是信息时代,商家可以通过一些合法的方式收集用户的信息。如果你经常在网上购买尿不湿和儿童玩具,那么电商网站就会给你贴上一个"有孩子的家长"的标签,并且根据你购买的频率及数量,以及你的年龄、性别等信息,判断出你的孩子有多大、你有几个孩子、你是否有经验等。这个标签和你的行为习惯一起构成了你的用户画像。

用户画像的三重价值

绘制用户画像通常是商家的工作,对文案工作者而言,同样具有非常重要的意义。

1. **进行精准定位**

绘制用户画像之后,文案工作者便可以对消费者的行为习惯了如指掌,同时还能揣摩他们的心理活动,如此一来,写作文案时就可以进行更加精准的定位了。文案工作者可以根据用户画像，写出符合消费者思维习惯的推广信息。

2. 预测市场行情

在绘制用户画像时，文案工作者实际上也在研究市场，一个用户画像就是一个样本，当样本的数量足够多时，便可以对市场的走向和趋势进行预测。

3. 引领时代走向

了解了市场的未来走向后，文案工作者便可以预先进行布局，写出引领时代潮流的文案。我们可以看到，很多文案大师都走在了时代的前端，成了时代的引领者。

由此可见，用户画像也是文案工作者的必备工具。不过，我们在使用用户画像的同时，也应该考虑到它的缺点。它能通过具体信息描述一个人，却不可能做到100%正确，因为人是不断变化的，我们只能时刻观察这个变化，尽量减少误差。

《经典案例解析》

微信官方绘制用户群像

2015年，腾讯举办了一次全球合作伙伴大会，在"互联网+微信"的分论坛上，微信官方首次公开了微信用户数据，这是腾讯对微信年轻用户进行的一次集体画像。报告显示：

①60%微信用户是年轻人,年龄在15～29岁;

②年轻人平均有128个好友;

③年轻人工作后好友会增加20%;

④在所有异地通话的用户中,年轻人占到了58%的比例;

⑤年轻人购物高峰是在早上10点和晚上10点;

另外,报告还显示,不同年龄层的人,喜欢在微信上阅读、转发不同类型的文章。"90后"喜欢看娱乐八卦,"80后"喜欢看国家大事,"60后"喜欢读"鸡汤"文章。

> **文案大师语录**
>
> 广告好比雷达扫描器一般,在新的消费者进入市场的同时,持续不断地猎取潜在顾客。找一个好雷达,并让它持续运转吧。
>
> "广告教父",奥美广告公司创始人　大卫·奥格威

不露痕迹地写出优质软文

随着互联网产业的迅速发展,新媒体逐渐成为品牌宣传的重要渠道,新媒体软文则成为企业营销的重要手段。软文和传统媒体的硬性广告有着显著的不同,软文的一大特点是:巧妙地将广告信息藏在文章中,如同绵里藏针,在非强制广告的宣传下,使读者进入商家设定的思维圈,从而达到广告宣传的效果。

新媒体软文的两点优势

和传统文案相比,新媒体软文搭上了互联网产业高速发展的顺风车,因此具备以下两点独特的优势。

1. 投入资金少,传播效率高

传统的广告营销往往会耗费很多资金,短短几十秒的视频广告,投放在电视台可能需要几个亿的广告费,真可谓一字千金。相比之下,软文推广的费用简直不值一提。软文推广有多种渠道可以选择，从早期的论坛、博客，到现在的微博、公众号、头条号等，投放一篇软文的成本并不高。而且软文的推广效率也很不错，只要用心经营，就可以达到非常高的覆盖率。

2. 软文更接地气，更容易被用户接受

软文的另一大特点就是非常接地气，很容易读懂。一篇好的推广软文通过传播产生裂变效应，针对特定群体的软文更能引发读者的共鸣，从而更容易被接受。即便是营销色彩浓厚的软文，也会比硬性广告更容易被人接受，可以获得很高的转化率。

新媒体软文写作的两大诀窍

1. 广告信息软性植入

在新媒体中，硬性广告容易引起用户的反感，因此必须采用"退而求其次"的方法，将广告信息进行软性植入。比如，利用讲故事的形式或者娱乐的方式将广告展示出来，让读者将眼光放在产品背后的故事上，或者是作者的个人经历上等。

2. 善于借助社会热点

新媒体写作要学会借助社会热点，也就是蹭热点，因为热点事件本身自带流量。身处移动互联网时代，尤其是在大数据面前，一切人、事、物都是透明的。每一个热点事件曝光之后，都会有无数的自媒体积极跟进，便是最好的佐证。不论是怎样的热点事件，都是软文写作的借力工具，这会为你带来很高的流量。

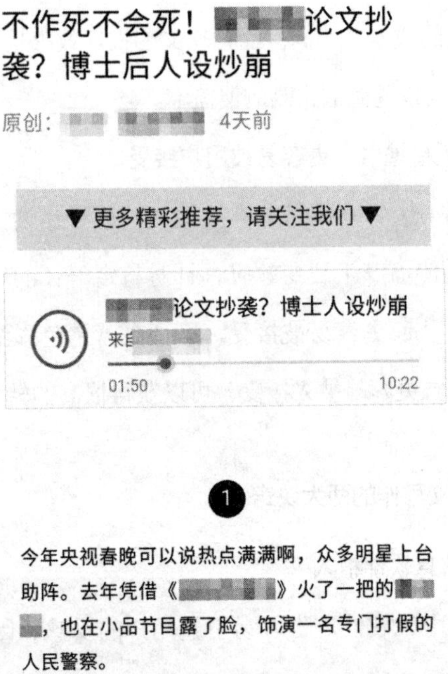

> **不作死不会死！▇▇▇论文抄袭？博士后人设炒崩**
>
> 原创：▇▇ ▇▇▇ 4天前
>
> ▼更多精彩推荐，请关注我们▼
>
> 🔊 ▇▇▇论文抄袭？博士人设炒崩
> 　　来自▇▇
> 　01:50　　　　　　　　　　10:22

❶

今年央视春晚可以说热点满满啊，众多明星上台助阵。去年凭借《▇▇▇▇》火了一把的▇▇，也在小品节目露了脸，饰演一名专门打假的人民警察。

图9-3　某明星被质疑学术造假后，新媒体迅速跟进、批评

3. 巧妙植入引导语

蹭热点能够为软文带来流量，而引导语则要将流量转化为销量。比如，写在文章末尾的"欢迎分享本文，转载请保留出处""点击阅读原文，即可体验×××"等。

〈经典案例解析〉

知乎：网络问答社区中的软文营销

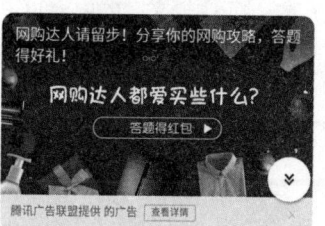

图9-4 "海尔智慧生活"在知乎中的软文

知乎是一个比较特殊的网站，它是一个网络问答社区，类似于国外的Quora。知乎的广告词是：

发现更大的世界；

与世界分享你的知识、经验和见解。

商家又怎会放弃这样一个角落呢？在知乎上，我们仍然可以看到营销的影子。

比如，在"家电界有哪些高大上的堪比奢侈品的家电品牌"的题目下，"海尔智慧生活"官方账号也参与了回答。在回答中，其首先列出了一些国外的知名家电品牌，如瑞典ASKO、德国美诺Miele、美国GE、意大利SMEG、新西兰斐雪派克等，最后笔锋一转，对海尔旗下的高端品牌卡萨帝进行了一番介绍，是典型的软文营销。

有趣的是，在这篇回答的下方，插入了一条腾讯广告联盟提供的广告，而广告文案的内容也遵循了知乎的提问体：

网购达人都爱买些什么？

通过这条回答，读者居然能够看到两条广告，不知是该对国内发达的商业感到庆幸，还是该对广告的无孔不入感到震惊。

> **文案大师语录**
>
> 大部分广告方案都太复杂，它们反映了太多目标，而且试图迎和太多的客户主管的不同的看法。越是企图涵盖太多的东西，就越是什么事也成不了。这样的广告看上去就像是一个委员会的会议记录。
>
> ● "广告教父"，奥美广告公司创始人 大卫·奥格威

七种常见的新媒体软文类型

借助新媒体软文进行推广和营销，来扩大品牌的知名度，已经是很多厂家的共识。要想写出优秀的软文，必须熟悉各类软文的写作方法，同时根据企业的要求和产品的特性进行调整。那么，你知道软文写作有哪些类型吗？其实软文的写作方式和传统文案十分相似，下面列举的七种类型，都是人们常用的软文写作手法。

宣传型软文

这是广告性质最强的软文类型，只需要看一眼标题，人们就能知道它的大致内容是什么。

宣传型软文和我们在生活中看到的各种硬广告十分接近，它的核心只有一个：间接明了地介绍产品，让读者一眼就能看到产品的关键信息。但是它又不像硬广告那样直白地告诉人们"快来买吧"，而是会换一种说法，如介绍该产品的优惠活动、促销活动、评测报告等，就像是对人们说"这个产品很不错，买不买随你"。

图9-5 微信公众号上的产品宣传型软文

新闻型软文

有的软文写作采用新闻报道的形式，看上去比较正式、严肃，具备新闻的六要素，即人物、时间、地点、事件的起因、经过、结果。我们可以把这些要素串起来，写成一句通俗易懂的话：某人某时在某地，由于某种原因做了某事，出现了某种结果。

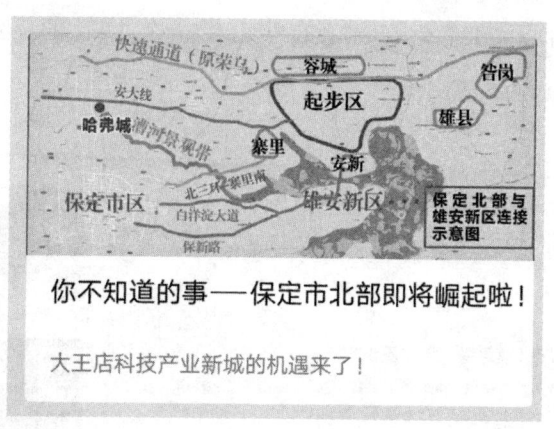

图9-6 新闻型软文

采用这种类型的软文的好处是紧密贴合现实,可以借助社会上发生的新闻事件,吸引读者的阅读兴趣。

知识型软文

很多行业都喜欢用知识型软文进行推广,如标题为《巧用加速工具,浏览网页再也不会有延迟》,可以在文章中介绍一些减少延迟、提高网页浏览速度的小技巧,借机推广品牌和产品。

阅读这种软文,可以使人了解一些不常见的小知识,在满满的干货面前,人们对广告有了更高的忍耐力。

经验分享型软文

经验分享型软文也是一种常见的软文写作方式,这种类型的软文是写作者站在专家或知情者的角度，以一个过来人的身份，向读者介绍个人的经验。

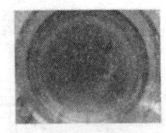

【经验分享】甘草陈皮梅子汤的功效(二)
点击阅读:传承千年的梅子汤以下是大家的经验分享——调理头痛,饭前喝了两杯梅子汤,饭后睡了一小觉,又饿了,吃了上午剩下的...
允斌顺时生活 2019-1-27

经验分享 | 菜鸟第一年,5 篇SCI
我是国内某医学院校七年制的学生,2012 年初开始进行英文论文的书写和投稿,以下是我 5 篇SCI 投稿的经验分享.图片来源:123rf...
生物学霸 2019-1-19

图9-7　某网站上的经验分享型软文

通常而言，此类文章的作用在标题中即可体现出来。它可以绘声绘色地讲述产品中的奥秘，容易让读者产生兴趣，并且信以为真。

故事型软文

故事型软文和经验分享型软文十分相似，它们都是以故事的方式展现出来的，但是它们讲述的重点不同。故事型软文的写作技巧关键在于描述细节，强调故事的真实性；而经验分享型软文强调的是经验和收获，故事性相对较弱。

情感型软文

有些软文不会直接介绍产品，而是将视线转移到人的情感上，试图以情动人。

比如：

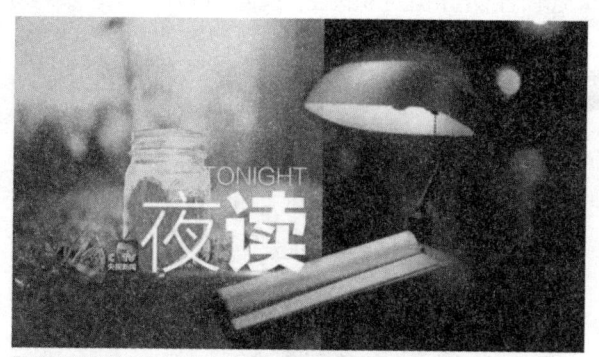

图9-8　情感型软文

这是"央视新闻"公众号发布的一篇情感型软文，文章讲述了几个感动人心的故事，最后劝导人们"点亮自己，亦温暖他人"，与公益广告有异曲同工之妙。

争议型软文

争议型软文和以上几种软文类型都不一样。前面几种软文，都在努力向读者灌输某种思想，试图说服读者。而争议型软文选择的话题是具有争议的，也就是说这个话题是没有标准答案的，公说公有理，婆说婆有理。

这种软文的重点不在于说服读者，而是为了先引起读者的讨论，进而调动起读者参与话题的积极性，通过这种方式为文章带来流量。

〈经典案例解析〉

南方航空的宣传型软文

逆天啦！新开航国际往返劲爆价800元！

南航深圳分公司　2016-01-07

好消息！
南航新开超多航线
深圳-悉尼 上海-芭提雅 广州-武汉-罗马
你想做第一批首航的"银"么？
超级幸运有木有！

深圳-悉尼

开航时间：2016.1.27
开航往返价：仅¥4100元起

图9-9　南方航空的宣传型软文

这是中国南方航空在公众号上推送的一篇宣传型软文,可以看到,这篇软文的意图非常明显,就是向读者介绍南航的促销信息。

通过阅读文章,读者可以清楚地了解以下几点信息。

(1)事件主体:南方航空。

(2)促销消息:南航新开了航线。

(3)开航时间:2016年1月27日。

(4)机票售价:往返4100元起。

由于文章发布的渠道是微信公众号,因此行文风格明显不同于严肃、正式的新闻稿。文章的总体风格是比较轻松、俏皮的,使用了一些网络化语言,如"逆天啦""想做第一批首航的'银'么""有木有"。

> **文案大师语录**
>
> 广告人,不能仅仅是个广告人——广告行业发展至今,已经成为一门综合性的科学,基于洞察力、想象力和创造力的科学。伴随着互联网的常态化,咨询之间的不平衡逐渐被打破,广告人必须是艺术家、思想家、市场专员、心理医生、产品经理……才能将自己的本职工作——广告人的工作给做踏实了。
>
> ——著名营销策划师,中央电视台广告策略顾问　叶茂中

新媒体软文写作的三大误区

为什么自己的软文传播率不高？为什么自己的广告无人问津？这些问题困扰着很多文案工作者。新媒体软文写作看似容易，其实有很多规则，如果不了解这些规则，就很容易走入误区。在进行新媒体软文写作时，应当注意以下三个常见的写作误区。

没有鲜明的文案主题

相信很多朋友都有过这样的经历：读完一篇文章之后，什么也没有记住，"一脸茫然地进来，又一脸茫然地出去"。这样的软文，就算写得再好看，也是不合格的，因为它没有表现出主题。尽管软文追求的是"润物细无声"，在无形中将所推广的信息传达给目标客户，但是它的本质仍然是广告，一味地说空话、绕圈子，会削弱广告推广的效果。

事实上，一篇优秀的软文，必定会把主题放在显眼的地方，用直截了当的方式呈现给读者。

比如,有的软文在标题中给出关键信息:

豆瓣评分9.0,首映观影人次破亿,国产片的春天来临了吗?

有的软文开篇点明主题:

小伙伴们可能听说了,最近有部电影被称为"国产片的良心",口碑票房双丰收……

也有的软文把主题放在文章的末尾:

说到这里,不得不提一下另一部相同类型的电影,堪称"国产片的良心",开映之后场场爆满,饱受好评,它就是《×××》。

内容空洞,缺乏说服力

软文写作应当尽量避免空洞乏味的说教,这与软文"接地气"的特征完全相反。可以说,软文是文案工作者主动靠近消费者的产物,是艺术性向实用性的妥协。一篇没有实用性内容的软文,是不可能获得广泛传播的。那么,如何才能增强软文的说服力呢?我们不妨学着使用数据。

相比于辞藻的堆砌，一组简单明了的数据可能会令人产生更加直观的感受。正如手机厂商在宣传卖点时，总会把手机的各项关键数据列出来一样，在进行新媒体软文写作时，同样可以用数据说话，比如：

这款手机拥有令人吃惊的4000万像素，而在此之前的纪录保持者则是××手机的2000万像素，这款手机直接把手机的拍照功能提升了一个档次，成为行业内的领先者。

软文过度吹嘘，脱离实际

写作软文时，夸奖品牌的用心，称赞产品的品质，都是不可避免的，因为我们需要借助这样的方法来赢得消费者的认同。但是过度吹嘘产品，使之与消费者的实际感受严重不符，显然也是不合适的。

有的软文作者喜欢使用"秒杀""逼平""不输""极致"等字眼，夸大产品的各项优点，然而读者使用过后的实际感受并不是这样的，于是市场上充斥着这款产品的各种负面新闻。再看到这样的软文读者就会认为这是一篇彻彻底底的洗白文、水文，反而加大了对企业的怀疑和不信任。

因此，在写作软文时，我们也应当考虑这方面的因素，可以在品牌的原有口碑上进行提升，但是不能严重脱离实际。假设品牌的实际得分是50分,软文可以说它能够达到60分,针对某些特殊项目,甚至可以说它能达到70分,但是你不能说它是无可挑剔的100分。

说到底,消费者并不是那么容易被骗的。

◆ 经典案例解析 ▶

一次失败的软文写作

图9-12 一个失败的故事类软文

这是某汽车博览会的主办方发布到网络上的一篇文章,标题是《浙江某女大学生开百万保时捷报到,还是个暑假刚拿驾照的新手》。文章采用了故事型的文案写法,然而正文的内容却与标题不符,十分空洞,配图只有几张汽车的照片,读者读完之后,只会一脸茫然地问:"这个女学生到底是谁?她是干什么的?这篇文章说了什么?"

> **文案大师语录**
>
> 不存在家喻户晓的品牌,哪个品牌是家喻户晓的?没有。如果你说可口可乐家喻户晓,好,你到云南乡镇去,好多人一样不知道它们。如果你说苹果,这有一个很典型的案例,我忘了曾经是iPhone 5还是iPhone 6新品发布会之前,有个人拿着一部iPhone 4S跑到街上做随机采访,结果有40%的人,认为这是苹果手机的新品。所以,品牌的知名度永远都是不够的。
>
> ——前奥美助理创意总监,第九课堂联合创始人 小马宋

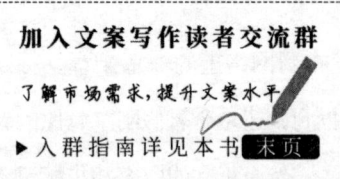

中华人民共和国广告法（节选）

1994年10月27日第八届全国人民代表大会常务委员会第十次会议通过

2015年4月24日第十二届全国人民代表大会常务委员会第十四次会议修订

根据2018年10月26日第十三届全国人民代表大会常务委员会第六次会议《关于修改〈中华人民共和国野生动物保护法〉等十五部法律的决定》修正

第一章 总则

第一条 为了规范广告活动，保护消费者的合法权益，促进广告业的健康发展，维护社会经济秩序，制定本法。

第二条 在中华人民共和国境内，商品经营者或者服务提供者通过一定媒介和形式直接或者间接地介绍自己所推销的商品或者服务的商业广告活动，适用本法。

本法所称广告主,是指为推销商品或者服务,自行或者委托他人设计、制作、发布广告的自然人、法人或者其他组织。

本法所称广告经营者,是指接受委托提供广告设计、制作、代理服务的自然人、法人或者其他组织。

本法所称广告发布者,是指为广告主或者广告主委托的广告经营者发布广告的自然人、法人或者其他组织。

本法所称广告代言人,是指广告主以外的,在广告中以自己的名义或者形象对商品、服务作推荐、证明的自然人、法人或者其他组织。

第三条　广告应当真实、合法,以健康的表现形式表达广告内容,符合社会主义精神文明建设和弘扬中华民族优秀传统文化的要求。

第四条　广告不得含有虚假或者引人误解的内容,不得欺骗、误导消费者。

广告主应当对广告内容的真实性负责。

第五条　广告主、广告经营者、广告发布者从事广告活动,应当遵守法律、法规,诚实信用,公平竞争。

第六条　国务院市场监督管理部门主管全国的广告监督管理工作,国务院有关部门在各自的职责范围内负责广告管理相关工作。

县级以上地方市场监督管理部门主管本行政区域的广告监督管理工作,县级以上地方人民政府有关部门在各自的职责范围内负责广告管理相关工作。

第七条 广告行业组织依照法律、法规和章程的规定,制定行业规范,加强行业自律,促进行业发展,引导会员依法从事广告活动,推动广告行业诚信建设。

第二章 广告内容准则

第八条 广告中对商品的性能、功能、产地、用途、质量、成分、价格、生产者、有效期限、允诺等或者对服务的内容、提供者、形式、质量、价格、允诺等有表示的,应当准确、清楚、明白。

广告中表明推销的商品或者服务附带赠送的,应当明示所附带赠送商品或者服务的品种、规格、数量、期限和方式。

法律、行政法规规定广告中应当明示的内容,应当显著、清晰表示。

第九条 广告不得有下列情形:

(一)使用或者变相使用中华人民共和国的国旗、国歌、国徽、军旗、军歌、军徽;

(二)使用或者变相使用国家机关、国家机关工作人员的名义或者形象;

(三)使用"国家级"、"最高级"、"最佳"等用语;

(四)损害国家的尊严或者利益,泄露国家秘密;

（五）妨碍社会安定，损害社会公共利益；

（六）危害人身、财产安全，泄露个人隐私；

（七）妨碍社会公共秩序或者违背社会良好风尚；

（八）含有淫秽、色情、赌博、迷信、恐怖、暴力的内容；

（九）含有民族、种族、宗教、性别歧视的内容；

（十）妨碍环境、自然资源或者文化遗产保护；

（十一）法律、行政法规规定禁止的其他情形。

第十条　广告不得损害未成年人和残疾人的身心健康。

第十一条　广告内容涉及的事项需要取得行政许可的，应当与许可的内容相符合。

广告使用数据、统计资料、调查结果、文摘、引用语等引证内容的，应当真实、准确，并表明出处。引证内容有适用范围和有效期限的，应当明确表示。

第十二条　广告中涉及专利产品或者专利方法的，应当标明专利号和专利种类。

未取得专利权的，不得在广告中谎称取得专利权。

禁止使用未授予专利权的专利申请和已经终止、撤销、无效的专利做广告。

第十三条　广告不得贬低其他生产经营者的商品或者服务。

第十四条　广告应当具有可识别性，能够使消费者辨明其为广告。

大众传播媒介不得以新闻报道形式变相发布广告。通过大众传播媒介发布的广告应当显著标明"广告",与其他非广告信息相区别,不得使消费者产生误解。

广播电台、电视台发布广告,应当遵守国务院有关部门关于时长、方式的规定,并应当对广告时长做出明显提示。

第十五条 麻醉药品、精神药品、医疗用毒性药品、放射性药品等特殊药品,药品类易制毒化学品,以及戒毒治疗的药品、医疗器械和治疗方法,不得做广告。

前款规定以外的处方药,只能在国务院卫生行政部门和国务院药品监督管理部门共同指定的医学、药学专业刊物上做广告。

第十六条 医疗、药品、医疗器械广告不得含有下列内容:

(一)表示功效、安全性的断言或者保证;

(二)说明治愈率或者有效率;

(三)与其他药品、医疗器械的功效和安全性或者其他医疗机构比较;

(四)利用广告代言人作推荐、证明;

(五)法律、行政法规规定禁止的其他内容。

药品广告的内容不得与国务院药品监督管理部门批准的说明书不一致,并应当显著标明禁忌、不良反应。处方药广告应当显著标明"本广告仅供医学药学专业人士阅读",非处方药广告应当显著标明"请按药品说明书或者在药师指导下购买和使用"。

推荐给个人自用的医疗器械的广告，应当显著标明"请仔细阅读产品说明书或者在医务人员的指导下购买和使用"。医疗器械产品注册证明文件中有禁忌内容、注意事项的，广告中应当显著标明"禁忌内容或者注意事项详见说明书"。

第十七条　除医疗、药品、医疗器械广告外，禁止其他任何广告涉及疾病治疗功能，并不得使用医疗用语或者易使推销的商品与药品、医疗器械相混淆的用语。

第十八条　保健食品广告不得含有下列内容：

（一）表示功效、安全性的断言或者保证；

（二）涉及疾病预防、治疗功能；

（三）声称或者暗示广告商品为保障健康所必需；

（四）与药品、其他保健食品进行比较；

（五）利用广告代言人作推荐、证明；

（六）法律、行政法规规定禁止的其他内容。

保健食品广告应当显著标明"本品不能代替药物"。

第十九条　广播电台、电视台、报刊音像出版单位、互联网信息服务提供者不得以介绍健康、养生知识等形式变相发布医疗、药品、医疗器械、保健食品广告。

第二十条　禁止在大众传播媒介或者公共场所发布声称全部或者部分替代母乳的婴儿乳制品、饮料和其他食品广告。

第二十一条　农药、兽药、饲料和饲料添加剂广告不得含有下列内容：

（一）表示功效、安全性的断言或者保证；

（二）利用科研单位、学术机构、技术推广机构、行业协会或者专业人士、用户的名义或者形象作推荐、证明；

（三）说明有效率；

（四）违反安全使用规程的文字、语言或者画面；

（五）法律、行政法规规定禁止的其他内容。

第二十二条　禁止在大众传播媒介或者公共场所、公共交通工具、户外发布烟草广告。禁止向未成年人发送任何形式的烟草广告。

禁止利用其他商品或者服务的广告、公益广告，宣传烟草制品名称、商标、包装、装潢以及类似内容。

烟草制品生产者或者销售者发布的迁址、更名、招聘等启事中，不得含有烟草制品名称、商标、包装、装潢以及类似内容。

第二十三条　酒类广告不得含有下列内容：

（一）诱导、怂恿饮酒或者宣传无节制饮酒；

（二）出现饮酒的动作；

（三）表现驾驶车、船、飞机等活动；

（四）明示或者暗示饮酒有消除紧张和焦虑、增加体力等功效。

第二十四条　教育、培训广告不得含有下列内容：

（一）对升学、通过考试、获得学位学历或者合格证书，或者对教育、培训的效果做出明示或者暗示的保证性承诺；

（二）明示或者暗示有相关考试机构或者其工作人员、考试命题人员参与教育、培训；

（三）利用科研单位、学术机构、教育机构、行业协会、专业人士、受益者的名义或者形象作推荐、证明。

第二十五条　招商等有投资回报预期的商品或者服务广告，应当对可能存在的风险以及风险责任承担有合理提示或者警示，并不得含有下列内容：

（一）对未来效果、收益或者与其相关的情况做出保证性承诺，明示或者暗示保本、无风险或者保收益等，国家另有规定的除外；

（二）利用学术机构、行业协会、专业人士、受益者的名义或者形象作推荐、证明。

第二十六条　房地产广告，房源信息应当真实，面积应当表明为建筑面积或者套内建筑面积，并不得含有下列内容：

（一）升值或者投资回报的承诺；

（二）以项目到达某一具体参照物的所需时间表示项目位置；

（三）违反国家有关价格管理的规定；

（四）对规划或者建设中的交通、商业、文化教育设施以及其他市政条件作误导宣传。

第二十七条　农作物种子、林木种子、草种子、种畜禽、水产苗种和种养殖广告关于品种名称、生产性能、生长量或者产量、品质、抗性、特殊使用价值、经济价值、适宜种植或者养殖的范围和条件等方面的表述应当真实、清楚、明白，并不得含有下列内容：

（一）作科学上无法验证的断言；

（二）表示功效的断言或者保证；

（三）对经济效益进行分析、预测或者作保证性承诺；

（四）利用科研单位、学术机构、技术推广机构、行业协会或者专业人士、用户的名义或者形象作推荐、证明。

第二十八条　广告以虚假或者引人误解的内容欺骗、误导消费者的，构成虚假广告。

广告有下列情形之一的，为虚假广告：

（一）商品或者服务不存在的；

（二）商品的性能、功能、产地、用途、质量、规格、成分、价格、生产者、有效期限、销售状况、曾获荣誉等信息，或者服务的内容、提供者、形式、质量、价格、销售状况、曾获荣誉等信息，以及与商品或者服务有关的允诺等信息与实际情况不符，对购买行为有实质性影响的；

（三）使用虚构、伪造或者无法验证的科研成果、统计资料、调查结果、文摘、引用语等信息作证明材料的；

（四）虚构使用商品或者接受服务的效果；

（五）以虚假或者引人误解的内容欺骗、误导消费者的其他情形。

文案人必读的二十一本书

1.《文案圣经：如何写出有销售力的文案》作者：【美】克劳德·霍普金斯

2.《文案训练手册》作者：【美】约瑟夫·休格曼

3.《一个广告人的自白》作者：【美】大卫·奥格威

4.《乌合之众：大众心理研究》作者：【法】古斯塔夫·勒庞

5.《文案创作完全手册》作者：【美】罗伯特·布莱

6.《文案之神尼尔·法兰奇》作者：【美】尼尔·法兰奇

7.《文案发烧》作者：【美】路克·苏立文

8.《金字塔原理》作者：【美】芭芭拉·明托

9.《那些让文案绝望的文案》作者：小马宋

10.《吸金广告：史上最赚钱的文案写作手册》作者：【美】德鲁·埃里克·惠特曼

11.《好文案一句话就够了》作者：【日】川上徹也

12.《麦肯锡教我的写作武器：从逻辑思考到文案写作》作

者:【日】高杉尚孝

13.《广告文案训练手册》作者:【美】布鲁斯·本丁格尔

14.《完全写作指南:从提笔就怕到什么都能写》作者:【美】劳拉·布朗

15.《广告人手记》作者:叶茂中

16.《定位》作者:【美】艾·里斯,杰克·特劳特

17.《十四堂人生创意课》作者:李欣频

18.《The Copy Book 全球32位顶尖广告文案的写作之道》作者:【英】英国D&AD协会

19.《科特勒市场营销教程》(第6版)作者:【美】加里·阿姆斯特朗

20.《动机与人格》作者:【美】马斯洛

21.《吸金广告文案写作训练手册》作者:朱雪强

全面了解好文案的写作要素
提升文案工作者的写作水平

◆ 使用说明 ◆

本书提供配有丰富读书活动和资源服务的读者互动交流群，您可以扫码进群获取资源及与其他读者就感兴趣的话题进行交流。

◆ 入群步骤 ◆

第一步，微信扫描本页二维码，进入群介绍页；
第二步，群内回复感兴趣的关键词参与阅读活动；
第三步，读者间可就相关话题进行讨论，交流。

◆ 群服务介绍 ◆

文案写作读者交流群
1.通过社群读书活动和所配备的优质资源，让读者更深入地了解文案写作技巧
2.文案工作者们在社群里相互交流，分享经验，共同进步

微信扫描二维码
加入本书读者交流群